聖書の常識

山本七平

文藝春秋

聖書の常識◎目次

聖書の常識

本書は『山本七平ライブラリー　第一五巻　聖書の常識』（一九九七年、文藝春秋刊）を底本としている。

まえがき

本書は、新書版オレンジバックスで世に問うた『聖書の常識』とほぼ同一の内容である。それをこのような形でさらに世に問うに到ったのは、次のような理由による。

私自身の目標もまた編集部の意図も、なるべく手軽でやさしく読める本にすることを心掛けた。しかし本書はいわゆる「聖書物語」ではない。そうではなく、聖書とはどのような本であるかを紹介しようと志した本である。簡単にいえば、まず本書を通読して聖書とはどんな本かの概要をつかんでいただき、次には聖書を読むときの参考書にしてほしい、というのが著者の願いであった。

多くの読者はこの願いに応えてくれたが、同時にその人びとの要望は、本書が日本聖書協会の普及版の聖書と同じくらいの判型にしてほしいということであった。それに応じて改めて世に問うに到ったのがこの文庫版である。

聖書に託して自己の信仰や思想を語るのならともかく、また前記のように「聖書物語」という形で興味深いストーリーにするなら別だが、旧新約聖書それ自体をわかりやすく要約し解説することは、不可能に近い至難のわざである。その至難のわざを目指した本書を聖書とともに携帯しやすい形にしてほしいという要望は、起って当然であると思った。

では一体、なぜ「至難のわざ」になるのか。理由は簡単、日本は過去に於て、聖書もしくは聖書的発想に殆ど接しなかった例外的民族だからである。キリスト教圏、ユダヤ教圏、イスラム教圏はもとより、共産圏もヘブライズムの影響下に成立している。また一見聖書には無関係なように見える中国でさえ、太宰春台が「明の万暦年中に、欧邏巴《ヨーロッパ》国より利瑪竇《りまとう》（＝マテオ・リッチ）という者入朝して天主教を説くに、其説程朱の性理学に似て、其精微なること性理学を超たる故に、性理家の学者、己が道を捨て、天主教を受たる者多し」と指摘しているような共通の基盤ともいえる面があった。一方日本は、鎖国によりキリスト教を排除し、明治の開国以降も、聖書乃至《ないし》は聖書的発想に関する限り、鎖国をつづけていたといってよい。これが例外的にならざるを得ない理由である。

そしてこの「至難」は、日本が聖書的発想を基本とする文化圏と摩擦なく接触することが「至難」になるという点に通じている。そしてこの問題は、日本が国際的に大きな地位を占めれば占めるほど表面化して来て、今や避け得ない問題となっている。そしてこう考えたことが、聖書の「常識」を何とか世に問おうと考えた動機の一つとなった。

とは言っても、そこには編集部の高野一洋氏の巧みな慫慂《しょうよう》があったことは否定できない。氏にすすめられ、はじめは、「朝日カルチャー・センターの連続講義」の速記を基にする予定であり、「それならば……」と引き受けたのだが、結局、改めてすべてを書き下ろす結果になった。創世記からヨハネ黙示録までを本書のような体裁で組むと、それだけで本書の十倍以上になる。従って本書は、聖書を十分の一以上に圧縮して解説するという作業であり、その結果どのように努力してもその骨格乃至は全体像を極力偏頗《へんぱ》なく紹介するという結果にならざるを得ない。いわば本書は「梗概」にすぎないのであって、本書を越えて各書と取り組めば、読者は、さらにすばらしい聖書の世界に接しられるであろう。その方向に進んでいただきたいし、そのときは本書が聖書の世界のガイドブックとなってほしい、というのも著者の願いである。

なお本文中の聖書の引用は大体「日本聖書協会」の口語訳によったが、一部は私訳である。挿絵はパレスチナ踏査の先駆者であるウィルソンとバレットの一八五〇年代の写生を入れた。ハイウェイが走り、ビルが林立している現代よりも、十九世紀の写生の方が、昔の生活の面影を残していると思われたからである〔本書では割愛〕。

最後に、さまざまな点でお世話になった編集部の方々に、お礼を申し上げたい。この方々の熱意がなければ、本書を世に送ることはできなかったであろう。

誤解されている聖書

聖書は一冊の本ではない

「聖書」を知らない人は、まずいないだろう。しかし、聖書についての正しい知識となると、私たち日本人の場合、きわめて心もとないといえる。

聖書は誤解されている――とくに日本では――と、私は思う。その誤解の第一は、聖書は「一冊の本だ」ということである。

確かに、現在では一巻の「旧・新約聖書」を手にすることができる。しかし、いずれの部門にも「一巻本双書」はあり得るのであり、一巻だから一冊だとはいえぬように、聖書もまた一冊の本ではない。

現在の日本聖書協会発行の「旧・新約聖書」の目次を見れば、旧約は創世記からはじまって三十九冊の本、新約はマタイによる福音書からはじまって二十七冊の本から成り

旧約聖書目次

(書名)	(章数)
創世記	50
出エジプト記	40
レビ記	27
民数記	36
申命記	34
ヨシュア記	24
士師記	21
ルツ記	4
サムエル記上	31
サムエル記下	24
列王紀上	22
列王紀下	25
歴代志上	29
歴代志下	36
エズラ記	10
ネヘミヤ記	13
エステル記	10
ヨブ記	42
詩篇	150
箴言	31
伝道の書	12
雅歌	8
イザヤ書	66
エレミヤ書	52
哀歌	5
エゼキエル書	48
ダニエル書	12
ホセア書	14
ヨエル書	3
アモス書	9
オバデヤ書	1
ヨナ書	4
ミカ書	7
ナホム書	3
ハバクク書	3
ゼパニヤ書	3
ハガイ書	2
ゼカリヤ書	14
マラキ書	4

新約聖書目次

(書名)	(章数)
マタイによる福音書	28
マルコによる福音書	16
ルカによる福音書	24
ヨハネによる福音書	21
使徒行伝	28
ローマ人への手紙	16
コリント人への第一の手紙	16
コリント人への第二の手紙	13
ガラテヤ人への手紙	6
エペソ人への手紙	6
ピリピ人への手紙	4
コロサイ人への手紙	4
テサロニケ人への第一の手紙	5
テサロニケ人への第二の手紙	3
テモテへの第一の手紙	6
テモテへの第二の手紙	4
テトスへの手紙	3
ピレモンへの手紙	1
ヘブル人への手紙	13
ヤコブの手紙	5
ペテロの第一の手紙	5
ペテロの第二の手紙	3
ヨハネの第一の手紙	5
ヨハネの第二の手紙	1
ヨハネの第三の手紙	1
ユダの手紙	1
ヨハネの黙示録	22

立っていることがわかる。そして、そのおのおのが本《ブック》であっても章《チャプター》でないことは、英訳聖書を見れば明らかだろう。それらはそれぞれ独立した別々の本であり、聖書を一冊の本と考えるのは間違いといわなければならない。

では、それらは互いに関連のない本かというと、そうではなく、一定の方針で編集された全書と考えたらいいであろう。中国語訳聖書と昔の日本語訳聖書には「旧約全書」「新約全書」という標題がついていた。このほうがむしろその内容を正しく伝えているというべきかもしれない。

聖書の第二の誤解は、聖書が一般に「宗教書」として受け取られていることである。私たち日本人が、通常、「宗教書」と呼ぶのは、どういう本であろうか。たとえば『歎異抄』とか『法華経入門』といった本が日本人にとっての宗教書であろう。だが、聖書はこのような意味の宗教書ではない。

もちろん、聖書のなかにもいわゆる「宗教書」に分類されるものもあるが、これは聖書の一部であって、すべてではない。聖書に接する場合に、「日本的な意味の宗教書」であるという、いわれなき先入観念を捨ててかかることが必要である。

聖書への誤解の第三は、聖書はキリスト教の聖典だという受け取り方である。聖書というと、人はすぐにキリスト教と結びつける。

日本人はキリスト教を通じて聖書の存在を知ったのだから、それも無理はないといえるが、聖書の歴史はキリスト教史よりはるかに古い。

いいかえれば、その大部分はキリスト教の発生以前から存在していたのであって、聖書をキリスト教の独占物と考えてはならない。

旧約聖書から生れた宗教は、三つある。ユダヤ教、キリスト教、イスラム教がそれであり、旧約に「タルムード」（後述）がプラスされたのがユダヤ教。旧約プラス「新約」がキリスト教。旧約プラス「コーラン」がイスラム教と考えたらよいだろう。

旧約聖書はユダヤ教、キリスト教、イスラム教の三つの宗教の基本になっており、その意味で現代の世界の大部分は何らかのかたちでその影響を受けている。そして、その影響をほとんど受けなかった民族の一つ、それがわれわれ日本人である。

聖書は歴史的順序で書かれていない

では、聖書という名の全書はどのように構成されているのであろうか。

旧約聖書は創世記からはじまり、その創世記は天地創造の物語からはじまる。そこで聖書の第一ページから読む人は、聖書が歴史的順序に従って書かれているように錯覚しがちだが、これは大きな誤解である。

もっとも、これをたんに誤解というわけにはいかない。そういう見方が紀元一世紀ごろにあったことは、フラウィウス・ヨセフスという史家の『ユダヤ古代誌』や、カトリックの伝統的、教義的分類にも表われている。だが、これについては後述することにしよう。

だいたい、創世記、出エジプト記、レビ記、民数記、申命記とつづく最初の五つの本（これを「五書」という）は、厳密な史料分析をへない限り、歴史の直接的資料としては役に立たないと見るのが普通である。

というのは、「五書」は「律法《トーラー》」として編集されたもので、元来は歴史書ではない。「律法」とは「法律」をさかさまにしたような変な訳語だが、なぜこのような言葉を使うかは後述する。ここでは、だいたい「法律」と同じような意味と受け取ってもらおう。こういうと、聖書のはじめのほうを読んだ人は首をかしげるだろう。天地創造やアダム（男）とエバ（生命）の物語が書いてあるのが、なぜ法律の本なのかと。

一般的にいっても、古い時代の書物には、これが法律であり、これが神話であり、これが文学でありという区別はない。こういう区別は、現代人のものだ。

聖書の「五書」は、人間が生きていくための規範として書かれ、受け取られ、この規範は絶対神と人間との契約であるがゆえに絶対であるとされてきた。いわば一種の法律といえるが、現代的な罪刑法定主義の法律ではない。

たとえば、聖書には「殺すなかれ」と記されているが、現代の六法全書のどこを探してもこの言葉はなく「人ヲ殺シタル者ハ死刑又ハ無期若クハ三年以上ノ懲役ニ処ス」と

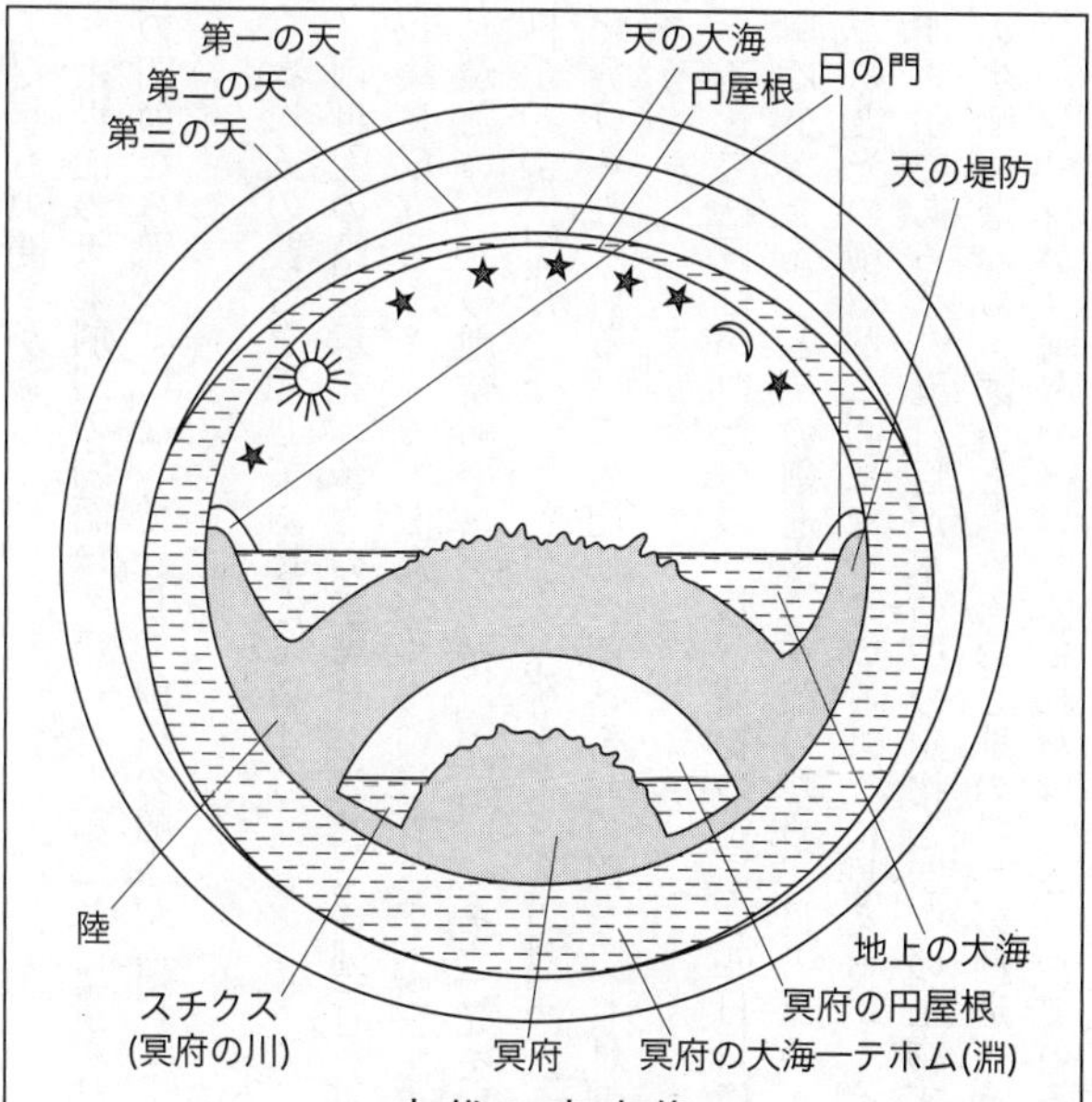

古代の宇宙像

記されているだけである。

聖書には「殺すな」という規範と、それを犯した場合の罪刑の双方が記されているから「律法《トーラー》」（＝戒め）であって、近代的な意味の法律ではないともいえる。

しかし、いずれにせよ歴史書ではなかった。

創世記の天地創造の物語にしても、二つの別な話を並立させるという、およそ歴史書らしからぬかたちをとっている。しかも、二つの話は二つの別の資料から出たものであり、その二つの資料の間には、なんと四、五百年もの開きがある。

創世記の天地創造の物語は、第一章と第二章に書かれているが、それを読めば第二章の四節から別の話になっており、創造の順序が逆転していることがだれでもわかるであろう。

次にその要旨を記して対比してみよう。

創世記の第一章を、多くの学者はP資料（後述）に分類し、バビロン捕囚時代かそれ以後に成立したとする。したがってバビロニア型の宇宙観を頭に入れておかないと理解しがたい。その創造順序は第一が「光あれ」で「光を昼」「やみを夜」と名づけ、第二日が、「水の間に大空があって、水と水とを分けよ」で、水が「上の水」と「下の水」に分けられている。この記述は前ページの図を見れば何を意味しているかが明らかであろう。

そして三日目が地と海の分離と植物の創造、四日目に「昼を司《つかさど》る大きな光」と「夜を司る小さな光」と星の創造——季節のため、日のため、年のため——が出てくる。こうなると光の創造が二回になっているように見えるが、その理由も前ページの図を見れば明らかであろう。五日目が水の中の生物と空中の生物すなわち鳥の創造、六日目が地上の生物すなわち「家畜と這《は》うものと地の獣」の創造、そしてその最後に人間の創造となり、七日目が「創造を終って休まれた日」となっている。

これが第二章となると次のようになる。「主（ヤハウエ）なる神が地と天とを造られたとき、地にはまだ野の木もなく、野の草もはえていなかった。主なる神が地に雨を降らせず、また土を耕す人もなかったからである。しかし地から泉がわきあがって土の全面を潤《うるお》していた。主なる神は土のちりで人を造り、命の息をその鼻に吹きいれられた。そこで人は生きた者となった」と。

この記述のほうが前の記述より素朴であり、雨を知らない荒野でのオアシス農業の開始が反映しているであろう。そしておもしろいことに、ここでは「神人同型同性説《アンスロポモルフォロジィ》」がとられ、まず「男」がつくられている。そして「男」が「ひとりでいるのはよくない」と神は考え、「野のすべての獣と、空のすべての鳥とを土で造り」男のところへつれてきたが、「男にはふさわしい助け手が見つからなかった」。そこで男を眠らせ、そのあばら骨から女をつくったという有名な物語へとつづく。

男はこれを非常に喜び「男からとったものだから、女と名づけよう」といったと記されている。ここの意味は翻訳では少々わかりにくいが「男《イーシュ》から取ったのだから、女《イッシャー》と名づけよう」という一種の言葉の遊びである。そしてこの創造の順序は、まず「男」ではじまり「女」で終っているのであって、一章の創造の順序とはまったく違う。また神の描写も違うが、これはこの資料のほうが、前述のものより、はるかに古いからにほかならない。

したがって聖書には二つの創造神話があるという人がいて不思議ではない。もちろん二つだけでなくほかにもあるが、二つであってもかまわない。というのは、これは何も歴史を記述するためでなく、そこから一つの法的戒めを引き出すために書いたものだから——この二つの資料に四、五百年の開きがあろうと、創造の順序が逆になっていようと、そんなことは何の差し支えもない。

これは旧約聖書全体に通じていえることで、聖書のはじめから終りまでを一つの歴史として書かれていると見ると、たいへん矛盾がある。しかし、編纂《へんさん》した側にはそういう意図はなかった。もちろん聖書の中の歴史書は歴史であり、紀伝的になっているが、「律法《トーラー》」をそのように読めば一つの解釈になるということである。歴史書については後述しよう。

聖書に書名はなかった

旧約聖書の三十九の本には、創世記とか出エジプト記とか、それぞれ書名がついている。しかし、ヘブライ語の原文にはそのような書名はなかったし、今もない。

これは何も聖書に限ったことではなく、昔の本には書名がないのが普通である。では、どうやってその本を表わしたか。たいていは、本文の最初の単語を書名の代りに用いている。

だから、創世記も、ヘブライ語写本では「ベレシート」という。これは「はじめに」ということで、創世記は「はじめに」という言葉ではじまっているからである。

また出エジプト記は「ウェーレー・シェモート」（さてこれらは……名である）、レビ記は「ワイクラ」（そして彼を呼び）、民数記は「ベミドバル」（……の荒野に於て）、申命記は「エレ・ハデバリーム」（これらは……言葉である）となっている。これらはすべて、最初の一単語か二単語、またははじめのほうにある特徴ある単語をそのまま書名にしたわけで、民数記などはむしろ、ヘブライ語書名のほうがその内容にふさわしい。

旧約聖書の各書に現在のような書名がつけられたのは、紀元前三世紀の最初のギリシア語訳からであろう。創世記、出エジプト記など、これらはすべてギリシア語訳の聖書からきている。だが今もこの名称を使わず、「五書」を「モーセ第一の書」「第二の書」……「第五の書」と呼ぶ呼び方もあり、多くの教派では正規の呼び方としてこれを採用している。

昔のヘブライ語の原典にも、今の一部の教派にも上記のような書名がなかったということは、旧約聖書を読むときに、書名に惑わされてはならず、またサムエル記とかイザヤ書、エレミヤ書という人名がつく場合、それは書名であっても決して著者名ではないことに留意すべきである。

私たちが創世記といっていても、昔の人ははたして創世記として読んだか。出エジプト記といっても、これをエジプトを出るときの記録として読んだか……。そうではなくて、別の読み方をしたかもしれない。というのは、ペダーセンという学者は、出エジプト記の第一章から第十五章までは決して歴史的記述でなく、過越祭《ペサハ》という祭りに読まれた祭儀文書だといっている。このへんが、とくに史料として聖書を読む場合にむずかしいところである。

また人名を冠していても前述のようにそれは著者名を意味していない。たとえば「サムエル記」だが、現在では「サムエル記上・下」「列王紀上・下」となっているが、これは後代の書名で、ヘブライ語原典にもギリシア語原典にもこの名はなく、前記二書の上下が、「王たち《メラキーム》ⅠⅡⅢⅣ」となっている。またサムエルは、サムエル記上の第二十五章の冒頭で死んでいるから、どちらから見ても「サムエル記」という名称が著者名でないことは明らかであろう。これは多くの他の書についてもいえ、人名のつく書名は、あくまでも「書名」であって「著者名」ではない。

また著者名がある場合も、同じようなことがいえる。たとえば、詩篇には「ダビデの歌」というのがあるが、これは本当にダビデというイスラエルの王が書いたものなのかといえば、相当問題があるといわねばならない。後代に彼の名を冠した場合もあるし、そうでなくても、当時の考え方は今と同じではない。

この時代、たとえば王が注文して刀工に刀をつくらせる。そうすると、刀工がつくった刀でも、王のものである。これは詩も同じで、王が詩人に命じて詩をつくらせたら、それは詩人のものではなく王のもの、すなわち王の詩ということになる。著作権などというものができたのは、つい最近のことである。

詩篇に「歌の守《かみ》に歌わしめたるダビデの歌」とあるのは、この間の事情を物語っているであろう。

だがしかし、たとえ後人の加筆があっても、その原詩は明らかにダビデという人が唱《うた》ったと思われる詩もある。それはサムエル記下第一章十九節以下の、サウルとヨナタンの死を悲しんで唱った慟哭《どうこく》の哀悼歌で、この詩は読む者の心を今も打つ。したがって、以上のように記したからといってダビデ王という人が詩人でなかったと考えるべきでなく、否、詩人であったがゆえに後代の人は多くの詩に彼の名を冠したと考えるべきであろう。ただ、それの分析・分類はきわめてむずかしい専門的な問題であり、著者名は必ずしも著者を表わしていないという点に留意すればそれでよい。

聖書はたんなる伝承ではない

これまで長い間、聖書も他の古代文書と同じように、まず口伝えの伝承があって、それがどこかで文書化され、さまざまな校訂と編集を経過しつつ現代のようになったというのがほぼ定説だった。

ところが、最近、これに対して強い疑問が提出されている。たとえばエブラの発掘で、イスラエルの祖先とされるアブラハムの名を記した粘土板が出てきたという。それらがまだ厳密な学問的批判をうけていないとはいえ、聖書時代のはじまる一千年以上の昔から、これらの地が文字文化の中にあり、聖書が文字文化の中で成立したことは否定できないからである。

また、出エジプト記にモーセがこれこれを書き記したとあるのは、後代の人が書いたのであって、モーセ自身であるはずはないといわれてきたことまで再検討を要請されている。

ここにはまだ未解決のさまざまな問題があるが、少なくとも、たとえ伝承であっても、それを先史時代の産物と見るべきではない、ということはいえる。

先史と歴史とを、文字資料があるかないかということで分けると、聖書には先史時代がないと考えるべきである。ということは、モーセが文字を書けたか書けなかったかということでなく、その文書は文字文化の中で生れたものであっても、文字なき世界で生れたものではないということである。

中東はこの点では人類の一大先進文化圏である。したがって、アブラハムであれモーセであれ、文字文化の中に育った人間であるとする見方が最近はとくに強い。私も、そう見るべきだと思っている。

というのは、ハムラビの法典ができたと推定される年代と、アブラハムがほぼ同時代で、アブラハムはすでにああいう法典ができた時代の人間だと思われるからである。もちろんこの点には多くの問題があり、アブラハムの年代をはるか後代に引き下げる学者もいるが、それならなおさらのことであろう。

では、アブラハムやモーセは文字を書いたか。おそらく書けなかったし、たとえ文字は知っていても書かなかっただろうと見るのが普通である。

この時代からずっと後になっても、指導的立場の人間は文字を書かないのが普通であった。文字はあくまでも書記に書かせて、自分は筆をとらない。現代でいえば、社長は自分でタイプを打たないで、タイピストに打たせるのと同じことだろう。

これは新約のパウロの時代になっても、あまり変らない。パウロはもちろん文字が書けたが、口述を筆記させ、署名だけ自分でしている。あるいは草稿だけ、ろう板ならろう板に書く。しかし、羊皮紙とかパピルスとか保存できるものには、自分では書かないで専門の書記が書く。これが、この時代の特徴である。

アブラハムもモーセも、自分では書かなかったろう。しかし、そのことは彼らが文字文化の中の人間だったということを否定することにはならない。

したがって聖書のさまざまの記述を、文字なき時代の伝説の不正確な集成と見るべきではなく、当時の人間には当時の人間の考え方と、当時の人間の表現法があったと見るべきである。ゆえにそれらをたんに荒唐無稽な伝説と見ることも、また誤解の一つであろう。

聖書誕生の秘密

モーセの五書が基本である

旧約聖書三十九の本は、通常、律法、歴史、預言、諸書、の四つに分類される。もっとも三十九書という数も順序もまた分類の方法も、キリスト教のカトリックとプロテスタント、またユダヤ教とでは必ずしも同じではない。

「律法」というおかしな日本語をなぜ使うか、なぜ法律といわないのかは前に記したので、ここではまず、上記の数と分類法について記そう。

まず、カトリックの分類法を示すと次のようになる。〔　〕内はプロテスタントとユダヤ教にはない。

歴史書――モーセ第一の書から第五の書、ヨシュア記、士師記、ルツ記、サムエル記上・下、列王紀上・下、歴代志上・下、エズラ記、ネヘミヤ記、〔トビヤ記、ユディト

記〕、エステル記、〔マカバイ記上・下〕

教訓書――ヨブ記、詩篇、箴言、伝道の書、雅歌《がか》、〔知恵の書、集会書〕

預言書――イザヤ書、エレミヤ書、エレミヤ哀歌、〔バルク書〕、エゼキエル書、ダニエル書、ホセア書、ヨエル書、アモス書、オバデヤ書、ヨナ書、ミカ書、ナホム書、ハバクク書、ゼパニヤ書、ハガイ書、ゼカリヤ書、マラキ書――で合計四十六書。

これがプロテスタントでは、〔　〕内の七書がなく、ユダヤ教のヘブライ語聖書と同じで三十九書、そして分類は七書を除いて、最初の「五書」を五書として別にしているほかは、カトリックと変りはない。

しかしユダヤ教では、三十九書という点ではプロテスタントと同じだが順序と分類は次のようになっており、プロテスタントと同じではない。次にそれを記そう。

律法――創世記、出エジプト記、レビ記、民数記、申命記

預言書――(一)前の預言書＝ヨシュア記、士師記、サムエル記、列王紀　(二)後の預言書＝イザヤ書、エレミヤ書、エゼキエル書、小預言書(十二の預言書を含む)

諸書――(一)真理＝詩篇、ヨブ記、箴言　(二)巻物＝雅歌、ルツ記、哀歌、伝道の書、エステル記　(三)その他＝ダニエル書、エズラ・ネヘミヤ記、歴代志

だがいずれの分類をとるにしろ、「五書」がその冒頭にきている点では変りはなく、これを基本とする点では共通している。

ユダヤ教には「旧約」という言葉はない。いうまでもなく「旧約」とは「新約＝新しい契約」という考え方があってはじめて成り立つ概念だから、「新約」のないユダヤ教で「旧約」がなくて当然である。かれらはこの〝旧約聖書〟を正式には「トーラー・ナービーム・ケスビーム」（律法・預言・諸書）と呼び、ヘブライ大学の校訂ヘブライ語聖書も、背にこの三単語が記されているだけで、「旧約」という言葉はない。

しかし通常は、彼らはこの三単語を口にせず、総称的に「律法《トーラー》」と呼び、これが〝旧約〟を意味する言葉となっている。「律法《トーラー》」とはそのように五書だけでなく、旧約全体さらには宗教的教えの全般さえ意味する言葉になっている。このことはこの「五書」が聖書の中でいかに重要な位置を占めるかを表わしている。

ただ「五書」を「律法」だといわれても、現代人には確かに、そう受け取るのはむずかしい。その内容も体裁も現代の法律や戒律といった概念とは非常に違うからである。だが、そう思う人は「申命記」を通読されればよいであろう。この書は現代の法律にもっとも近い体裁になっているからである。

「申命記」は「第二の律法《デウテロノミオン》」とギリシア語に訳され、その結果英語ではDeuteronomyという。だがこれは実は誤訳で、その本文中の「この律法の写し《ミシュネー・ハトーラー・ハツオート》」という言葉を「この第二の律法」と訳したことにはじまる。ただこれを「正しい誤訳」という人もあり、他の四つの書から法令を集録し、それを主体として新しい法典を作成したといえる面があり、したがってもっとも「法律」としての体裁を整えているからである。

さらに重要なことは、その第六章五節「聞け《シェマ》、イスラエル。われらの神ヤハウェは唯一の主である。お前は、心をつくし、精神をつくし、力をつくして、お前の神ヤハウェを愛さなければならない」という有名な言葉があることであろう。この言葉は、その冒頭の「聞け《シェマ》」をとって「シェマ」といわれるが、これが聖書の基本であることを正しく見抜いた最初の日本人は新井白石であった。『西洋紀聞』の中で彼はこれを、モーセの十戒《じっかい》に先立つ絶対的戒律としているが、この理解は正しい。

現代ではこの「シェマ」は小さく記されて、メズーザという筒に入れられて、ユダヤ教徒の家の戸口につけられている。イスラエルに行くと、政府の各省の入口にも、また各部屋の入口にも、ホテルの各部屋にもこのメズーザがつけられ、また個人はこれを、銀のペンダントなどの中に小さく入れて、体につけているのが見られる。これがすなわち、彼らの絶対的規範の基本であり、その意味でやはり「律法《トーラー》」は聖書の基本というべきであろう。

この律法の五つの書は、たんに旧約の冒頭に置かれているだけでなく、「聖書」の正典として最初に確立したのが、この五書である。

いつ確立したかは、いまも異論が多いが、おもしろいことに現在でも、この五書しか聖書として認めないという教団がある。

サマリヤ教団と呼ばれ、サマリヤ地方の中心地ナブルス（昔のシケム）にその人びとがいる。

私はそこを三回訪ねたが、全教徒わずか四百人なのにちゃんと教団の学校があり、小さな二十人たらずの生徒が、サマリヤ書体のアルファベットで記されたモーセの五書を学んでいた。

サマリヤのアルファベットは、現在のヘブライ語の方形書体のアルファベットよりも古書体で、昔の鋭角書体に近い。

八世紀ごろのラテン語文書のヘブライ語の引用のなかに、このサマリヤ書体が出てくる。また、十字軍のころまでは、サマリヤ教団というのは相当に盛んで、ユダヤ人・サマリヤ人とほぼ同等に扱っている文書もある。

この教団は、前述のように五書《トーラー》以外は聖書と認めず、ユダヤ人が使っている聖書はにせ物だ、といっている。

サマリヤ教団の伝説によれば、ユダヤ人がバビロンの捕囚から帰ってきたとき、聖書を持っていなかった、それで勝手に自分たちのいい伝えを集めてつくったのが歴史書と預言書で、それに律法書がないと格好がつかないので、われわれのトーラーを盗んだのだという。

もちろん、これは根拠のない伝説だが、この伝説が生じたのは、生じただけの理由がある。つまり、律法――トーラー――モーセの五書が旧約聖書の基本だということであり、この点では、すべての聖書の編纂が同じだということである。

預言者は未来を占わない

では次の「預言書」に進もう。「預言」という言葉も、他の多くの聖書訳語と同じように中国語訳の流用である。最近では「予」という字も使うが、「予」はあらかじめ、「預」はあずかるで、意味が違う。

預言者のことをナービーというが、これは元来、沸騰するという意味だという学者もいる。いずれにせよ、内心から沸騰するものが口をついて出てくるような状態を示す言葉で、入神状態で神の言葉を人に伝えるものの意味だったのであろう。したがってその歴史はきわめて古い。

それは必ずしも未来予知を意味していない。未来を見る者としては聖書に「見る者《ローエー》」「先見者《ホーゼー》」（この訳語は必ずしも統一されていないが）という言葉があり、「預言者《ナービー》」にその能力がある場合があっても、その本質は神の言葉を預託された者という意味であろう。

したがって、その最後に未来における神のきびしいさばきをのべても、その主体が徹底的な現実社会の不正への糾弾であって不思議ではない。次にアモス書からその一部を引用しよう。これを読めば、「旧約の預言」なるものが、いわゆる「ノストラダムスの大予言」などといわれるものとまったく違うことが明らかになるであろう。

わざわいなるかな、自ら象牙の寝台に伏し、
長いすの上に身を伸ばし、
群れの中から小羊を取り、
牛舎の中から子牛を取って食べ、
琴の音に合わせて歌い騒ぎ、
ダビデのように楽器を造り出し、
鉢をもって酒を飲み、
いとも尊い油を身にぬり、
ヨセフ（同胞）の破滅を悲しまない者たちよ。

お前たち！　貧しい者を踏みつけ、
また国の乏しい者を滅ぼす者よ、
これを聞け。
お前たちはいう、
「新月はいつ過ぎるであろう、

そうしたら、われわれは穀物を売ろう。
安息日はいつ過ぎ去るであろう、
そうしたら、われわれは麦を売り出そう。
われわれはエパを小さくし、シケルを大きくし、
偽りのはかりをもって欺き、
乏しい者を金で買い、
貧しい者をくつ一足で買い取り、
またくず麦を売ろう」。

預言者が怒りかつ糾弾したのは社会的不義であり、彼らが求めたのは社会的正義であった。預言者ミカは次のようにのべている。

私は何をもってヤハウェの前に行き、
高き神を拝すべきか。
燔祭《はんさい》および当歳の子牛をもって
その前に行くべきか。
ヤハウェは数千の雄羊、

万流の油を喜ばれるだろうか。
人よ、彼はさきによきことの何であるかを
お前に告げた。
ヤハウェがお前に求めることは、
ただ公義を行い、いつくしみを愛し、
へりくだってお前の神と共に歩むことではないか。
………

神に御供物もおさい銭も捧げる必要はない。神が求めているのは、公義（社会正義）を実施し、いつくしみを愛し、へりくだって神と共に歩むことだから、それらを捧げよと彼は説いている。

しかし預言についてはさらに後述することにして、ここでは「旧約の預言」がいわゆる「大予言」なるものとはまったく別のものだということを確認してくだされば、それでけっこうである。

正典化への複雑な歩み

さらに歴史書・諸書があるが、これはそれぞれ後述することにして、以上のように

「律法《トーラー》」を基本とした旧約聖書が、預言書その他が付加されたうえで、どのように形成されて今日のようになったか、なぜ、四十六書と三十九書という差異が出てきたかについて記すことにしよう。

前に記したように「五書」はバビロン捕囚期か、それ以後すなわち紀元前四四四年ごろ以前に成立し、これが「絶対神と人との契約」で、各人が守るべき絶対的規範として確立した。聖書はその公布を、エズラ記とネヘミヤ記で記している。

では、この基本を同じくしながら、なぜ四十六書と三十九書という差異が生じたのであろう。キリスト教徒に関する限り、それは十六世紀にJ・ロイヒリン(一四五五〜一五二二年)が旧約聖書はヘブライ語原典によるべきだと主張し、プロテスタントがその主張をいれたことによる。それまでのキリスト教の聖書は現代のカトリックのそれと同じく四十六書であった。

だがこの差異はたんに言語によると考えてはならない。紀元七〇年ごろまでは、キリスト教徒にもユダヤ教徒にも「正典《カノン》」という明確な考え方に立つ分類はなかった。そして両者ともに、ヘブライ語で書かれていない七書をも、正典のように見ていたらしい。そして「正典」はヘブライ語のみとするという考え方は、まずユダヤ教徒により、紀元六四年ごろ、そういった方針が打ち出されたらしい。

しかし「正典化」はもっとあとで、その第一回はヤブネ(ヤムニア)の宗教会議、ここでほぼ現代のヘブライ語聖書は正典化し、ついで一四〇年のガリラヤのウシャの会議で、今の三十九書となった。それをプロテスタントが、前述のような経過で用いているわけである。

一方、キリスト教の正典化はこれよりはるかに遅れ、西方では四世紀、東方では七世紀に行われた。ヘブライ語原典をラテン語に訳したローマ・カトリックの教父ヒエロニュモス（～四二〇年ごろ）も、前記の七書を正典から除外しているが、これは一般には認められず、ギリシア語古代訳から初代教会に至る数世紀にわたる伝統が、正典を四十六書とする結果となった。

これが、四十六書と三十九書という差を生じた理由である。ただ日本のように聖書の伝統がない国では、三十九書よりも四十六書のほうが、旧新約がマカバイ記でつながるので理解しやすい。日本聖書協会では、今回新しくはじめた共同訳で、この七書をも刊行することになった。これは確かに一つの進歩と見るべきであろう。

だがここで以上のことを、資料分析という視点から、もう少し詳しく検討してみよう。

唯一の神がなぜ複数形なのか

いろいろと異論はあるが、「五書《トーラー》」が公布され確立したのは、前述のようにだいたい紀元前四四四年と考えられている。

だが「正典」として確立されたとは、五書がそのとき書かれたということでなく、五書はＪ・Ｅ・Ｄ・Ｐと呼ばれる非常に古い四つの資料から徐々に構成されて、最終的に正典化されたことは、今日ではすでに定説である。もっともこれをさらにＬ・Ｎの二資料に分け、J_1・J_2と区別する場合もあるが、普通にはＪ・Ｅ・Ｄ・Ｐの四資料と考えてよいであろう。

そのうち、ＪとＥの二資料は、神名の違いからきている。Ｊはヤハウェ（＝エホバ）、Ｅはエロヒムである。

昔の文語訳聖書を見ると、神について、ただ「神」という場合と「エホバ神」という場合と、ふたとおりのいい方をしているのがわかる。現在の口語訳で「主なる神」となっているのが、これが文語訳の「エホバ神」にあたる。

では新しい口語訳はなぜ「エホバ」という言葉をやめたのであろうか。実をいうと、エホバとは誤読なのである。なぜ誤読が生じたかというと、それは次のような事情による。

ヘブライ語には、母音表記がない。だから、神の名を欧文表記に直すとＹＨＷＨとなるだけで、本当のところは、どう発音していいかわからない。これを「神聖四文字」といい、学者によっては「ＹＨＷＨ」としか書かない人もいる。というのは言語学者たちが推理した「ヤハウェ」にしても、はたして正しい発音かどうか不明だからである。

子音だけでその文字をどう発音したのか。これが不明にならないように、後に普通の単語には母音符号をつけるようになった。これを字外母音符号という。

ところが、ＹＨＷＨは「神の名をみだりに口にするなかれ」ということから、母音符号をつけず、その代り「アドナイ」つまり「主」という意味の言葉の母音符号をつけ「主なるＹＨＷＨ」と読んでいた。

ところが、それをそのままに発音すると「エホバ」になってしまう。「エホバ」という読み方は十六世紀になって、キリスト教の神学者によってはじめられたにすぎない。いずれにせよ、創世記その他で神名をＹＨＷＨと表記してある部分の資料を、ヤハウェ資料すなわちＪ資料と呼ぶ。

これに対して神を「エロヒム」――「エル」（神）という言葉の複数形を使っているのを、Ｅ資料とする。

聖書の唯一神が、エルという単数でなくエロヒムという複数で表わされているのが興味深い。そのまま訳せば「神々」になってしまう。

神自身、自分を呼ぶのにも「われわれ」といっており、創世記第三章二十二節には「主なる神はいわれた、『見よ、人はわれわれのひとりのようになり……』」という言葉があり、これが複数形に訳されている点では、文語訳聖書も口語訳聖書も同じである。また「われわれにかたどって人を造り……」（創世記一章二十六節）も同じである。

ではいったいなぜ、唯一神が複数で記されているのであろうか。古代東方世界では、尊貴の複数というい方があって、王様などの絶対的権力者は単数を使わなかった。それは、王の意志は国民全体の意志だということを表わすためで、現代でも国王などが、自分のことを「われわれ」というのがこれである。確かに、複数は神の尊貴を表わす表現であろう。

しかし、聖書の神の場合、たんに尊貴を意味する語法でなく、絶対を意味したのではないかという見方もある。

というのは、単数・複数というのは相対的概念であって、神が唯一絶対であるというのは、「ひとつである」というのとは意味が違う。いわば唯一絶対神とはワン・オブ・ゼムの「一つ」ではなく、単数・複数を超えた唯一であり、絶対である。このことを強調するために、複数を使って、しかも単数の意味を表わしたのではないかともいわれている。

「現代の聖書」への道すじ

前述のように旧約聖書がほぼ現在のかたちで成立したのは、紀元一〇〇年のヤブネの会議においてである。だが、そのときに記されたのでなく、長い年月を経て徐々に形成されたことも前にのべた。

ではそれはどのようにして形成されていったのか。この正典成立史は、それ自体が独立した学問で、専門的な大著が出ている。だが簡単に要約すればもっとも古いのがJ資料の成立で、これは紀元前九〜八世紀、成立の場所はエルサレムの南のヘブロンと思われる。ついで約一世紀おくれて、北でE資料が成立したと思われる。このあたりはあまりはっきりとしない。これがD資料となると、聖書自体に、その成立の経過が記されており、わりあいにはっきりとしている。

それが記されているのは列王紀下の第二十二章で、ユダ王国の王ヨシヤがエルサレム神殿を修復していたら「律法の書」が発見されたという記述がある。紀元前六二二〜六二一年ごろのことだ。

ヨシヤの宗教改革の支柱になったこの書は、申命記の中心資料をなすもので、これを申命記のギリシア語訳「デウテロノミオン」の頭文字を取ってD資料と呼ぶ。申命記にもいくらか他の資料も入っているが、ほとんどD資料イコール申命記といっていい。

しかし、神殿から偶然発見されたというのはおそらくはフィクションで、むしろヨシヤ王にはこれに基づいて宗教改革を行うという目的があり、それにそって神殿の中で祭司が編纂した資料であろうと考えられている。もっとも、最近には、王の書記が編纂したという説もある。

もうひとつのP資料というのは、祭司（その頭文字がP）資料で、だいたいバビロン捕囚時代に編纂が進められたものと推定されるが、その一部をDと同時代とする学者もいる。

その名のように神殿の祭司グループの手になるもので、その祭司たちはこの資料を書いただけでなく、J・E・D・Pの四つの資料を編集して、モーセの五書にまとめあげた人たちでもあった。この特徴は、神を絶対的・超越的なものと見、J資料のように神人同型同性説をとっていない点にある。これは前に引用した創世記の一章（P）と二章（J）とを対比すれば明らかであろう。

ではそのように編纂されていった旧約聖書が、明確に正典化されなくても、全体として一つのものにまとめられたのはいつだろうか。おもしろいことにこれは、聖書の書かれている皮紙の質によってわかる。

羊皮紙とは元来は原皮一枚を二枚にはいで造るのが普通だが、尊いとされる聖書だけは一枚皮に書いてある。現在、正典に入っているものは全部、正典化される前からそのような一枚皮の羊皮紙に記され、その区別ははっきりしている。

死海写本として発見されたヘブライ語のイザヤ書写本は、現在のところ最古のヘブライ語完本本文で、紀元前一世紀にさかのぼるが、これも一枚皮に書いてある。それだけでなく、同時に発見された多くの断片も、聖書に関する限りは一枚皮であり、すでにこのころ、正典という概念が生れていたと考えることもできる。

その後、紀元六四年ごろ、ユダヤ戦争の前に非常に国粋主義的になったときに、エルサレムで行われた「賢者会議」で、ギリシア語文書が全部正典からはずされるということが起り、これが、前述の七書の差異を生ずる直接的原因となった。

ユダヤ戦争後の一〇〇年ごろ、ヤブネで正典のだいたいの編纂が行われたが、そのときはまだ、伝道の書と雅歌とエステル記は正典に入っていなかった。

この三つが正典とされたのは、紀元一四〇年ごろ、ガリラヤのウシャで行われた会議においてである。この会議で、最終的に聖書正典が確立した。

キリスト教徒にとってのギリシア語訳

正典に対して、外典《がいてん》・偽典がある。外典・偽典については、カトリックとプロテスタントでは規定の仕方が違う。プロテスタントが外典に数えるものをカトリックは第二正典としており、プロテスタントの偽典がカトリックでは外典である。偽典といっても、別に「にせもの」という意味ではない。ただ正典からはずされているというだけで、読むとおもしろいものが多い。だから、外典と偽典を合せて典外書と呼ぶほうが妥当だろう。

典外書には、現在ではヘブライ語本文が発掘されたものもあるが、それまでは、ギリシア語で書かれたものしかなかった。イスラエルのギリシア語時代に書かれたもので、前述の経過ではずされてしまった。

理由はそれだけで、史料的な価値という点では、正典も典外書もあまり差はない。広くいえばこれらすべてが聖書であって、それをどこで正典と典外書の線を引くかは、それぞれの宗派、あるいは宗教の立場による。

キリスト教では、前述のように聖書の正典が成立したのは、西方で四世紀、東方で七世紀すなわちビザンチン時代である。そのとき採用された旧約聖書はヘブライ語原文ではなく、ギリシア語訳であり、したがってキリスト教の聖書の写本のもっとも古いもの――ヴァチカン写本やシナイ写本（四世紀）、アレキサンドリア写本（五世紀）など――は、みなギリシア語である。

この旧約聖書のギリシア語訳は、キリスト教の発生よりもずっと早く、紀元前三世紀にエジプトのアレクサンドリアではじめられた。この翻訳については、典外書の中のアリステアスの手紙に言及がある。それによると、七十二人の学者が共同で訳したということになっており、そこから今日でも、このギリシア語訳を七十人訳《セプトゥアギンタ》と呼んでいる。これによって、ヘブライ語という地方的言語から、当時の全ローマ圏で公用語として広く使われていたギリシア語に訳され、ギリシア・ローマ世界に聖書が登場したわけで、文化史的には「歴史的事件」というべきであろう。

もっとも、このときに全旧約聖書が訳されたのではなく、はじめはモーセの五書だけで、その後、紀元ゼロ年ごろまで約二百年から三百年かかって全部が訳されたと思われる。それには、ギリシア語で書かれた外典も含まれていた。

キリスト教が形成されたのは、イスラエルがローマの支配下にはいり、多くのユダヤ人がヘレニズム世界に散った時代である。それらのユダヤ人の多くはヘブライ語ができず、ギリシア語を使っていたので、キリスト教はヘレニズム世界の宗教として発展していった。したがって、用いられた聖書は、はじめからギリシア語の七十人訳であって不思議ではない。

このギリシア語旧約に、さらにギリシア語で書かれた新約がついたものが、少なくとも宗教改革までのキリスト教の旧新約聖書であり、これによって「旧新約聖書一巻」というかたちになったわけである。異言語をまとめて「一巻」とすることはいずれの時代、いずれの国であれ、まずあり得ない。したがってヘブライ語旧約のあとにギリシア語新約が、同一文書として付加されることは、まずあり得ないと考えてよいであろう。とすると、この七十人訳こそ、キリスト教発生の端緒であったといえよう。

ルターは聖書の数を減らした

前述のように七十人訳ギリシア語聖書を基として、ヘブライ語から直接ラテン語に訳されたのが、ウルガタ訳と呼ばれる聖書で、ヒエロニュモスの個人訳を基本とし、一五四六年のトリエント公会議でカトリック教会の公認ラテン語聖書本文となった。

さて、ルターによる宗教改革によってプロテスタントが起り、聖書正典の問題にも改めて目が向けられた。ルターは前述のようにロイヒリンの説をとって、旧約はヘブライ語原文によらなければならないと主張した。

プロテスタントはカトリックの権威を否定し、ウルガタも七十人訳も捨てて、ヘブライ語聖書を自分たちの旧約正典とした。その結果、今日でもプロテスタントの聖書とカトリックの聖書には七書の違いが生じている。このプロテスタント聖書が日本では「聖書」として通用している。しかし前述のように新しい共同訳では「七書」も発行されることになっている。

歴史書としての聖書

二十世紀でもっとも進んでいる学問――聖書学

聖書学という学問があり、これは、聖書考古学、聖書史学、聖書文献学、聖書語学、聖書釈義学という五つの分野に分けられる。

聖書学はヨーロッパでも新しい学問であって、一九〇五年にダイスマンという古典学者が、西洋古典学の方法を聖書の研究に持ち込んだのがはじまりといわれる。それ以来、今日では、二十世紀でもっとも進んでいる学問は原子物理学と聖書学であるといわれるほど発達した。

たとえば、コンピューターを使って聖書の本文を分解するようなことまで行われている。

こういうやや行き過ぎ（？）ともいえる方向に対して、そもそも聖書を学問の対象とすることじたい冒瀆《ぼうとく》であり、これは「神の書」だから信仰の対象であるという考え方をする人もいる。カーター大統領の属する南部バプテストなどは、その点で非常にきびしい宗派だ。

しかし、これも極端であって、聖書は十分に学問の対象たりうるし、また、対象としなければならない。

私は聖書の内容は、いかなる学問的分析にも耐えられるものだと思っている。どれほど深く学問のメスを入れても、びくともするものではない。

これまで、聖書は何度となく新しいメスを入れられ、そのたびにある部分が拡大され、大事件のように騒がれた。しかし、一定の時間を経過すると、結局、また元に戻ってしまう。

今世紀〔二十世紀〕の半ばに死海写本が発見されたとき、これで聖書学、とくに新約学は全部ひっくり返るだろうと、センセーションを巻き起した。だがそれも三十年たってみると、何のことはない、だいたいにおいては、いままでの定説を裏づける結果になったにすぎない。

多少の新しい発見なり変化なりはあったにしても、最終的には落ち着くところに落ち着く。死海写本の発見が、またその他の新発見が、聖書の記述の根本的な否定になった、などということはない。

これは、今後も変りないだろう。私は存分に聖書に学問のメスを入れていいし、またそうすべきだと思っている。

考古学が裏づける聖書の記述

聖書に書かれていることは、ほとんどが神話か伝説で、たとえ史実によるとしても、粉飾されていると考える人も多いだろう。この問題に考古学者が発掘という実証的方法で取り組んだのは十九世紀からで、今日までに、着々とその成果が積み重ねられている。遺跡の発見や発掘の結果、これまで史実として疑問視されていた聖書の記述の、歴史的信憑性《しんぴょうせい》が証明された例は少なくない。だが、この逆、すなわちその記述が歴史的には事実でなく、何らかの原因譚説話であることが明らかになった例もある。

また直接ではないが、聖書の伝承がある事実を基にして形成されたことが明らかにされた例もある。その典型的なものは一九二九年にサー・レナード・ウーリイによって行われた「大洪水」の発掘であろう。彼は粘土層によって三千五百年前の大洪水を確認した。次にその記述を引用しよう。

竪穴は徐々に深まり、突然、地面の性質は変った。層になった陶片や瓦礫《がれき》のかわりに、まったく純粋でことごとく同質の粘土に出会ったが、その構造はその粘土が水によって押し流されたことを示していた。労働者たちは、われわれが最下の地盤、つまり原初のデルタ地帯を形成していた河泥に達したと断言した。はじめは私もこの意見に従いそうであったが、その後、それはまだ十分な深さに達していないことに気づいた。最初の居住地が設けられた地域が沼沢地の昔の地盤の高さをはるかにしのぐものであったとは考えられない。私は測定をすませた後に、人びとにさらに深く掘るようにと指示した。純粘土層は相変らずつづき、二・五メートル以上の厚さになった。そのとき、粘土層は、そのはじめと同じように突如とだえ、再び、石器や道具類を割った燧石《すいせき》の芯の破片や陶片の層が出てきた。……

シュメール人やヘブライ人の洪水の話の基になっている現実の大洪水があったこと、この発見はもちろん、二つの話のうちの、どちらの個々の事柄をも証明しない。もちろんこの大洪水は全世界的ではなく、チグリス・ユーフラテス川の下流の河谷に限られ、おそらく長さ六百キロ、幅百五十キロにわたる局地的な大災害であった。しかし河谷の住民にとっては、それは全世界と同じであった。

現代ではさらに研究が進み、この大洪水から有名な人類最古の叙事詩『ギルガメシュ』が生れ、それがどのような経路を経て聖書の世界にもたらされたかがわかっている。以上はもちろん間接的な証拠にすぎないが、これが、出エジプトからカナン定着となると直接的な証拠が決して少なくない。たとえばヨシュア記第十一章の、ヨシュアによるハゾル攻略記事の、「そのときヨシュアは引き返してハゾルを取り、つるぎをもって、その王を撃った。ハゾルは昔、これらすべての国々の盟主だったからである……ただし丘の上に立っている町々をイスラエルは焼かなかった。ヨシュアはただハゾルだけを焼いた」という記述が実に正確であることが、有名な考古学者イガエル・ヤディンのハゾルの発掘で明らかにされている。

さらに下ってダビデ王時代ともなると、彼がエルサレム攻略のとき利用した水くみ用の竪坑がそのまま残されており、またヒゼキヤ王の水道には、今も整々と水が流れ、聖書の記述のとおりなのである。

天文学と聖書の記述との関係

神話・伝説的な物語は新約聖書にもある。たとえば、イエス誕生を告げた有名なベツレヘムの星。この星についても、天文学者たちは架空のことでなく、事実であるという結論に到達した。

一六〇三年のクリスマスの少し前、徹夜の観測で、土星と木星の異常接近がまるで一個の大きな星のようになることを発見したのは、ヨハンネス・ケプラーである。その後、天文学者たちの綿密な計算の結果、紀元前七年に、この土星と木星の異常接近が三度にわたって起きていることが発見された。

大きな「一つの星」のたび重なる出現に、バビロニアの学者たちが驚き、はるばるパレスチナへ旅し、エルサレムにヘロデ王を訪ねたとしても不思議ではない。星は彼らにとって、占星術的に何か大きな予兆であり、同時にイスラエルでは、「ヤコブから一つの星が出、イスラエルから一本の杖が起り……」（民数記二十四章十七節）という記述以来、救済者の出現の予兆と考えられていた。またヘロデ王が紀元前三七年から四年までの間、在位したことは、歴史的な事実である。

「イエスがヘロデ王の代に、ユダヤのベツレヘムでお生れになったとき、見よ、東から来た博士たちがエルサレムに着いていった。『ユダヤ人の王としてお生れになった方は、どこにおられますか。私たちは東の方でその星を見たので、その方を拝みに来ました』（マタイによる福音書二章一～二節）

マタイによる福音書は、こう書いている。ベツレヘムの星が、紀元前七年に土星と木星の異常接近によって生じた大きな「一つの星」であることは、いまではほぼ間違いないとされている。また同時にそれが、前記の理由からさまざまな社会的ショックを与えて当然であった。

また、ルカによる福音書には「そのころ全世界の人口調査をせよとの勅令が、皇帝アウグストスから出た」と記している。これに関して、聖書学者フィネガンは、さまざまな史料とテルトゥリアヌスの「イエス誕生の時の人口調査は『センティウス・サトルニヌスにより、ユダヤで行われた』」という記述から、紀元前九年から六年の間のいつかにそれが行われたと推定している。

　もちろんこれらは、直接的な証拠といえないともいえる。しかし、人びとの記憶の中で、以上の二つが、イエスの生誕と関連して記憶されていたことは否定できない。イエスの生誕を紀元前六年とするのは、今ではほぼ通説である。そして、この六年の誤差がなぜ生じたかについては、後述しよう。

旧約には来世という考えはなかった

来世という考えは宗教につきもののように思われているが、旧約聖書の古い層にはこれがまったくない。このことはたんに興味深いというよりも、歴史上の一つのなぞになっている。

　来世という考え方は非常に古くからあり、また輪廻《りんね》転生という考え方が出てきたのは、いまからだいたい二千五百年前、イランにおいてであろうといわれている。この考え方はインドやギリシアにもあり、ピュタゴラス学派やフランスの古代宗教ドルイド教にもあったように、アーリア系の思想とみるべきであろう。

　紀元前一〇〇〇年ころのイスラエルは決して中東の先進国でなく、むしろ後進地域で、当時の中東の文化的中心はバビロニア、そしてエジプトだった。

バビロニアにも来世という思想があり、イシュタールの冥府めぐりとか、あるいは死んで生き返る植物神といったような発想が、古くからあった。

これがエジプトとなると『死者の書』に見られるように、来世のことばかり考えていた民族といえる。

イスラエルはその両者に挟まれている小国で、両方から大きな影響をうけながら、なぜそういう発想がなかったのだろうか。これが、歴史のなぞ、聖書の不思議とされている点である。

聖書に、われわれが「宗教的」と呼んでいるような発想が出てくるのは、ずっと後になってからであって、古くなればなるほどそれがない。

すなわち人間の一生はあくまでも出生から死亡までと、はっきりと区切っている。そしてそれをただ、親から子、子から孫、過去から現在、現在から未来へと、歴史的にたどっていくだけである。

小林秀雄氏が「あめを徹底的に引きのばすような歴史観には私は耐えられない」という意味のことをいっておられるが、聖書の歴史観がまさにそれである。聖書とは、長い一直線の歴史でつらぬかれており、人の一生はその一部を担っていくものにすぎない。それがアブラハムからはじまり、イサク、ヤコブ、十二人の兄弟と一つ一つつながっていく。

来世、輪廻転生という系統の考え方では、徳川時代の日本人のように、現世の前に前世があり、現世の後に来世があると見る。日本人は簡略化して三つにしてしまったが、元来は六回で、それで一まわりすることになっている。いわば円環思想である。この思想には「歴史」という考え方はない。というのは自分の過去は前世であっても歴史的過去でなく、自分の未来は来世であっても歴史的未来ではないからである。

一方ははじめがあり終りがあり、ひとすじにつづいていくという思想、もう一方ははじめもなく終りもなく、ぐるぐる回っているという考え方。そのいずれであれ、これは、人間がはじめて合理的にものを考えようとした結果の発想であることには違いはない。だがこの二つの、合理性の追究の仕方はまったく違った型になっている。

聖書はリアリズムの世界だ

合理性は、ある意味では、聖書の中で一貫して追究されているテーマの一つである。

聖書の考え方によれば、人間の内部にいわゆる内なる合理性がある。それに従って、人間は生きようとする。ところが、社会には社会の別な合理性があり、これとぶつかる。内なる合理性と外なる合理性が衝突する。これが端的に表われるのが「義人の苦難」というテーマである。正義が必ず勝ち、正しい者が必ず報われて幸福になるなら、人間は何の矛盾も感じず、すべてが合理的だと思うであろう。だが現実はそうではない。なぜか。神が義で全能ならなぜそんなことが起るのか。これが「神義論」で、この発想から探究がはじまるのだが、これはある意味では永遠につづく探究である。

ヨブ記に出てくる「神の義」と「人の義」というのがこの問題で、神の義と人の義は同じなのか、同じならなぜ神が全能なのに義人が苦しむことがあるのか。では違うのか、違うのならばこれにどういう解決があり得るであろうか、という問題になってくる。自分の内部に内なる合理性が厳然とあり、それが「社会正義」を求めているという自覚の一方、この内なる合理性と外なる合理性が一致しないということは、聖書だけでなく、多くの書で取りあげられ、つねに人が問題にしてきたことである。

その問題を、輪廻転生の思想はこう考える。つまり、現世だけを見ていると不公平だけれども、前世・現世・来世を通して見ると、プラス・マイナスして結局みんな平等になってしまうと。これは真宗の『妙好人伝』の発想だが、要するにどこかで合理性を求め、すべてを内心の問題として、心理的に解決したいというところから出た発想であろう。

『妙好人伝』に、財布を盗まれたときにどう考えるべきかという話が出てくる。だがどう考えても、財布を盗まれたことを合理的とは思えないが、それを自分が前世で財布を盗んだ、と考える。

前世で財布を盗んだ、だから現世でお返しした。本当は自分で返しに行かなくてはならないものを、取りに来てくださったのだから、たいへんに有り難い。それでは、現世で自分が財布を盗むとどうなるか。これは来世でお返ししなければならないから、やめておこうということになる。

こう考えれば、いっさい問題は解決し、不合理なことはすべてなくなる。そしてこう考えなければ、自分の内なる合理性と、外なる合理性をつなぐことができず、世の中は矛盾に満ちた不合理なものとなってしまう。そこで上記のように考えることが、一種の「悟り＝救い」になるわけであろう。

また善悪二元論にも神義論はない。これは世の中に矛盾や悪があるのは当然で、両者はつねに、勝ったり負けたりしつつ併存していると考えるからである。

だが、旧約聖書はこういう発想をいっさいしない。これは貴重な原則だが、そのため、いってみれば、たいへん面倒な、安易な「悟り」のない峻厳《しゅんげん》きわまる世界になる。

私は徳川時代の『妙好人伝』のようなものが信じられれば、人間はいちばん幸福だろうと思う。それで割り切ってしまえば、たとえば義人の苦しみ――正しい人がなぜ苦しむのかというようなことなど、前世の因果でかたづくから、旧約のように徹底的に執拗にそれを追究する必要はなくなる。日本人があっさりしているのは、こういう伝統に原因があるのであろう。

簡単にいえば旧約の世界は安易な「悟り」がまったくない世界であり、その点では恐るべきリアリズムの世界である。

旧約聖書は義を追究する

鈴木正三《しょうさん》という徳川初期の禅僧が、こんなことをいっている。
「裁判などというものは必要ない。因果応報で、すべて平等になってしまうのだから……」

こうした考え方がまったくないのが、旧約聖書の一つの特徴である。では、旧約聖書はどう考えているか。

まず、そこにあるのは後述するように神との契約という考え方であり、この契約条項である律法《トーラー》を完全に守るという考え方、すなわち律法主義という考え方である。歴史への批判もすべてこの立場からなされ、神の律法を各人が徹底的に守れば、この社会に「義」が現出するという考え方であり、同時に守らなければ「裁き」があるという考え方である。

人間の社会の義が、出生と死亡の間の一人生の間に実現しないなら、歴史的未来において絶対的に確立しなければならないという、われわれから見れば一種の執念のようなもの——これは必ずしも「執念」ではなく、それが「信仰」なのだが——が、そこから出てくる。

輪廻転生なき歴史の世界で矛盾の解決を求めるなら、確かに、来世でなく歴史的未来にそれを求める以外にない。人間の一生の間でだめなら、歴史的未来に成就しなければ、「義」は存在しなくなるであろう。その未来を先へと伸ばしていくと、結局、終末論ということになる。

こういう考え方は、われわれ日本人から見ると、前述のように、たいへん執念深いものに思われる。それに反して、現世のことは来世で自動的に決着がつくという発想は、非常にあっさりしていて、われわれには気分がいい。

そういう気分のよさは、旧約聖書にはない。それを執念深いと感ずるのは自由だが、このようにどこまでも徹底的に追究していくところに、旧約聖書とそのリアリズムの特徴がある。

こういう性格は、現代でも残っている。たとえば、われわれは無名戦士の墓を作り、遺骨を集めて葬ればそれですんでしまう。ユダヤ人の場合は、絶対にそれではすまない。彼らにとって、収容所で殺されたのは何百万人という概数では絶対にすまない。最後の一人まで数を明らかにし、しかも、その名前が全部はっきりするまで追究をやめない。何年かかっても、最後の一人まで名前を明らかにしようとする。そしてわかった名前は一人一人、明確に記録していく。

また一方では、ナチスの戦犯を最後の一人まで追究する。それもこの時代でだめなら、歴史的未来においてでもなしとげる。たとえ本人が死んでも、事実はすべて明確にされねばならない。いわば、そうしない限り、歴史的未来において、義が確立しないからであり、そうでなくてはならないと考えるからである。これはわれわれの執念とは違い、彼らは当然のこととしてそれを行う。

また同時に責任はあくまでも「個人」のことで、「親の因果が子に報い」という考え方は否定される。預言者エレミヤもエゼキエルも、有名な「父がすっぱいぶどうを食べたので、子どもの歯がうく、ということはない」という意味の言葉を口にし、「人はめいめい自分の罪によって死ぬ」といった。同じ意味の言葉は申命記にもある。これは個人主義のはじまりという人もいる。

歴史的見方は聖書から出た

マタイによる福音書で、イエスが弟子のペテロに天国の鍵を授けようと告げた直後に、その同じペテロに向って「サタンよ、引きさがれ」といっている。同じ人間に対して矛盾したことをいっているのはどういうことか、というのがわれわれの受ける感じである。ここには聖書の考え方のもう一つの特徴である「時間」という問題がからんでいる。

ある瞬間に一つのことが事実であって、次の瞬間、その事実が消え、別の事実が出てきても不思議でないというのが、聖書の考え方であり、この考え方はもちろん旧約聖書にもある。預言者エゼキエルは「悪人がもしその行なったもろもろの罪を離れ、私のすべての定めを守り、公道と正義とを行うならば、彼は必ず生きる。死ぬことはない。……義人がもしその義を離れて悪を行い、悪人のなすもろもろの、憎むべき事を行うならば生きるであろうか。彼の行なったもろもろの正しい事は覚えられない。彼はその犯したとがと、その犯した罪とのために死ぬ」（エゼキエル書十八章二十一節以下）といっている。イスラエル人は、「時」という意識がはっきりした民族で、すべてを歴史的・時間的にとらえており、ある状態を時間を無視して固定させ、永続させることはない。いわば「義」に基づく行為があっても、「義人」という人間が、それを越えて、永続的に存在するのではないのである。

こういう発想は、輪廻転生の思想からは出てこない。輪廻転生はすべてを空間的にとらえても、歴史的・時間的には見ないからである。したがって、上記のような言葉はわれわれには一種の違和感があるであろう。前記の「時」を長いスパンで捉えれば「歴史的な『時』」になる。「いまは何の『時』である」といういい方が、旧約にも新約にも出てくる。たとえば、いまは「預言の時」、そして、その預言の時が終った「教会の時」というように。また前述のように、「ある『時』の終末」という考え方がある。

後の歴史的時代区分という発想は、明らかにこれに根ざしている。いい換えれば、歴史的時代区分のいちばん古いものが聖書にあるのであって、これはわれわれにはなかった意識である。

われわれはとかく、いまという状態が永久につづくものと錯覚している。その錯覚を持たせないのが、聖書の考え方の一つの特徴であろう。一つの時、時期というのは必ず終るという意識であり、したがって戦前のように「万世一系・天壌無窮」といった発想もなければ、戦後のように、戦後体制が永遠につづくといった発想もない。

聖書は歴史という意識を人間に与えた。歴史的見方というのは、聖書から出た。ヨーロッパ人には、この見方が古くから非常に深くしみ込んでいる。

われわれ日本人が歴史的な見方をするようになったのは、比較的新しい。朱子学や司馬光の『資治通鑑』を模範として歴史を、つまり『大日本史』を記した以降のことである。それ以前のたとえば『平家物語』といったものは、歴史書というよりも、むしろ叙事詩であろう。

これは古代ギリシアの場合も同じで、ホメロスが書いたのは決して歴史ではなく、叙事詩であり、ヘロドトスの『ヒストリア』は「目撃者の記録」すなわちいまのルポの意味である。厳密な意味での歴史が出てくるのは、旧約聖書の歴史書であり、それを正しく指摘しているのが、歴史家ルドウィヒ・マイヤーであろう。

イスラエル史としての聖書

旧約聖書は最古の歴史書である

聖書の中の最初の歴史書、つまり人類最初の歴史書は、旧約聖書のサムエル記と列王紀だといえるであろう。もっとも、その前の士師記とヨシュア記も確かに歴史だが、これには少々問題がある。

前述のように、サムエル記、列王紀というのは後からつけた書名である。ヘブライ語の原典でも七十人訳でも、この四巻の書名はすべて「王たち」でその「ⅠⅡⅢⅣ」となっていた。私もそのほうがわかりやすいと思う。

というのは上・下にしても、「王たち」のⅠⅡⅢⅣにしても、これは意味があって区切ったのではない。おそらく、パピルスの「巻物の長さ」の限界という物理的な理由でそうなっただけだろうといわれている。

そこでサムエル記上から列王紀下までを、通して書かれた歴史としてはじめから終りまで読むほうが全体を理解しやすい。

東方世界は史料を残すことが非常に好きで、歴史的資料という意味で記されたものは、列王紀以前にも多い。しかし、それらの史料は、一つの歴史哲学に基づいて編纂されておらず、歴史として見るためには、史料分析の上にさらに再構成しなければならない。その点、はじめから歴史として読めるのは、やはりサムエル記と列王紀であろう。

その歴史哲学または歴史観は、申命記の思想に基礎を置いていると考えられる。誤解を恐れずにいうと、聖書における申命記の最終的編者の考え方と列王紀の関係は、マルクス主義における唯物史観と「社会主義社会」に似た関係にあるともいえる。

このように、イスラエルの歴史は非常に古くから、一つの歴史観をもって書かれているのだが、このことは、現代人の立場から見ていく場合、いくつかの問題が残る。

というのは、資料だけが残っているのなら、現代的な合理的観点から、われわれが把握しやすいように、歴史として構成していけばいい。しかし、すでに一つのはっきりした歴史観で構成されているものだと、それをもういちど資料にもどして、現代の合理性に合うように組み立て直さなければ「現代人の歴史書」にならないからである。

だがこういう再構成の結果を、聖書の史観と対比すると、そこに聖書の思想が、現代人にはっきり見えてくるという利点はある。

ではここで、歴史ではなく、別の意図で構成された資料をもバラバラにして、それらをイスラエル史として再構成してみることにしよう。だがその場合、問題はまず、イスラエル史の起点をどこに置くかである。

それはイスラエルの祖先とされるアブラハムだろうか、イスラエルをエジプトの桎梏《しっこく》から救い出したモーセだろうか。それとも、もっと後代か。

ヘブライ大学のタデモル教授は、だいたいカナンの地への定着をイスラエル史のはじめとしている。紀元前一二五〇年から一二二〇年の間に当る時期で、それ以前は前史と見る。

またマザール教授は、アブラハムの記述をモーセの後におく。そのように学者の間にもさまざまな説があるが、しかし、モーセによる出エジプトを紀元前一二五〇年ごろにおく点では、多くの学者は一致しているといえるであろう。それはエジプト第十九王朝のラメセス二世のときである。

エジプトはヒッタイトとオロンテス河畔のカデシで戦ったが勝敗なく、前一二六九年にヒッタイトと平和条約を結んだ。これは当時の中東の二大勢力圏の間に力の均衡が生じ、それが現代の米ソの対立のように力の空白を招来した。その結果イスラエルだけでなく、さまざまの小国民・小部族が独立して行動をはじめたらしい形跡が、エジプトの史料からも発掘からもうかがえる。

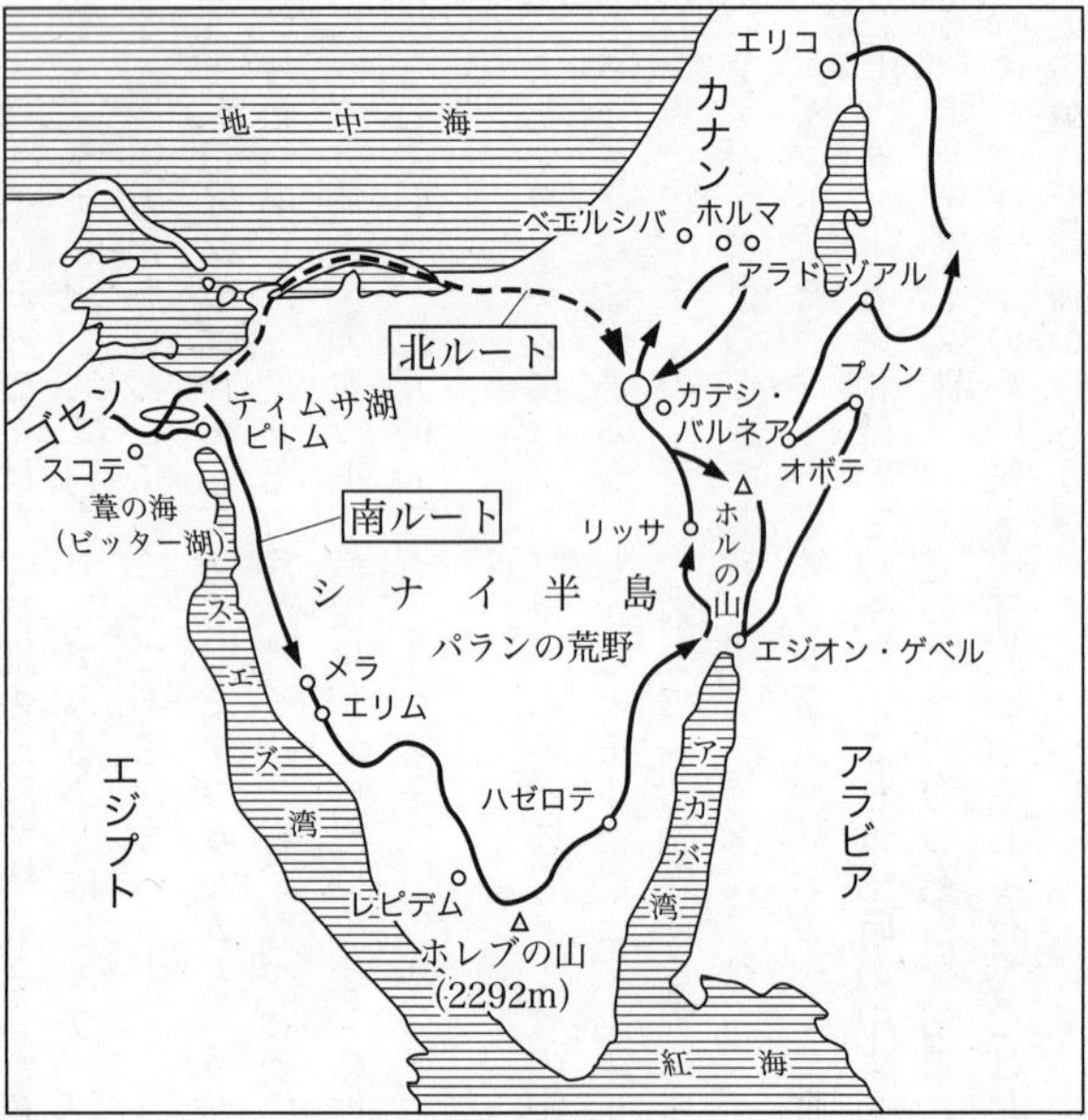

出エジプトの地図

　彼らの出エジプトがどのようなルートをとったか、聖書には北ルート、南ルートの二つが記されており、図示すれば上図のようになる。いずれが正しいのか。現代では北ルート説をとる学者が多く、このほうが確かに合理的だが実際にシナイを歩いてみると、南ルート説も無根拠とはいえないように思われる。

　いわば彼らはまずシナイのどこかに根拠地を求めねばならなかった。それは農耕地かその周辺以外になく、シナイにそれを求めれば、カデシ・バルネアとレピデムの近くのワジ・フェイランしかない。そしてその方向へ進めば、北ルートにも南ルートにもなる。

また歩く道も非常に限定され、ワジに沿って行く以外には方法がない。とくに南部ではワジ以外は完全な岩山で現代でも道路はなく、しかもワジ以外に水を求めることが不可能だからである。

ではどちらに進んだか。おそらく二隊があって、それぞれの道を進んだものと思われるが、いずれにせよ、彼らの最終的な集結地はカデシ・バルネアであった。ここは今もアイン・クデーラトという泉があって、シナイには珍しく耕地がある。

彼らはここからホルマを通ってアラドに進み、最短距離を南からカナンの地に入ろうとして失敗し、そこで東に迂回してヨルダン川東部にまず定着し、ここを根拠地としてカナンへ入って行ったものと思われる。

井戸の水よ、わきあがれ、
人々よ、この井戸のために歌え、
笏《しゃく》と杖《つえ》とをもって
つかさたちがこの井戸を掘り、
民のおさたちがこれを掘った。

これは民数記第二十一章十七節に出てくる素朴な井戸掘りの歌で、聖書の記述のなかでもっとも古いものの一つ、おそらく元来はモアブ（ヨルダン川東部）の井戸掘りの歌であっただろうといわれる。

イスラエルとヘブライは同じか

だがカナンへの侵入と定着へ進む前に、言葉の意味を明確にしておこう。

イスラエルといい、ヘブライ（ヘブル）ともいう。またユダヤといういい方もある。これらは同じ意味なのか、違うのか。迷う人も多いだろう。実はこの使い分けは、たいへんめんどうなのである。

イスラエル、ヘブライ（ヘブル）、ユダヤのうち、ヘブルが、もしハビルという言葉に関連をもちうるならいちばん古くからある言葉だろう。しかしハビルは古代文書に出てくる場合は、民族名を意味していない。

セム系の言葉は、母音なしで書かれている場合が多いので、ハビルともアピルとも時代により、国により、エジプト、アッシリアその他でみんな発音が違う。またヘブルは英語式発音で、旧約聖書の発音はイブリである。

ハビルの定義は非常にむずかしいが、農耕民の側に立って、これと特別な契約を結んでいるある種の牧畜民、すなわち社会単位となっている集団を意味している。民族名でも部族名でもないことは明らかで、これは中東に広く存在した。

定住している農耕民は、遊牧民に襲撃される危険がある。そこで、牧畜民の一部と契約を結んで、自分たちのまわりに半ば定住させ、他の遊牧民への防御壁の働きをしてもらい、同時に畜産品や労働力も提供してもらう。経済的に相互補完的な地位に立つというかたちである。いわば農民は農産物を渡す一方、牧畜民のほうからは、畜産品や労働力さらに戦闘力を提供してもらう。こういうかたちの牧畜民の集団があったらしい。ローラン・ド・ヴォーという有名な学者は、らくだが出現する以前には、後代のような放牧民は存在しなかったという。

この集団がだんだん勢力をえて、しまいに逆に農耕地を支配してしまう。これは、後のダビデ王の記述のところに明確に出てくる。ただ、現在のところでは、ヘブルとはハビルのことだという定説はない。しかし、両者がよく似ていることは否定できず、したがって、これらは一定の社会単位を示す言葉とみてよいであろう。いわば「自称する名」でなく「他者からそう呼ばれる」というかたちの名称であり、ヘブルはだいたいそのように使われている。

イスラエルという語が、最初に出現するのは、ラメセス二世の次のファラオ、メルネプタハの碑文である。かれは、ここで戦勝を誇り「イスラエルは打ち捨てられ、もはや子孫はない」と記している。だがこの碑文の内容を学者は疑っており、結局パレスチナ支配は失敗したと思われる。

また、イスラエルの意味となると少々問題がある。

エルは神の意味で、神と争ったヤコブのニックネームとしてこの名は創世記に出てくる（創世記三十二章二十四節以下）。「おまえは神と争ったから、名をイスラエルにしなさい」とヤコブが神からいわれるくだりがあるが、これは一種の言葉の遊びで、元来は「神は支配する」の意味であろうという。

このヤコブの十二人の息子たちが、後のイスラエル十二部族の先祖になった——というのは伝承にすぎないのだが、この十二部族は一種の宗教連合体だったろうと考えられている。

つまり、中心となる一つの聖所があって、自治体の各部族がそこに精神的支柱を求めて連合した政治体制。ギリシアの都市国家がそれぞれ独立していながら、宗教連合を形成していたのと同じである。こういう宗教連合体がイスラエルにもあったというのも一つの仮説だが、このヤコブの十二子に基づく宗教連合体制という意味で、イスラエルという言葉を使うと、これが民族名または国家名になる。

ところが、このイスラエル十二部族が分裂して、北十部族と南二部族に分れてしまった。南の二部族はベニヤミン族とユダ族だが、ユダ族が大きかったのでこれをユダと呼び、北の十部族をイスラエルと呼ぶようになった。そこで分裂時代のイスラエルとは北十部族だけをさすわけで、混乱を避けるために北イスラエルといっている。

現代では、イスラエルというとイスラエル共和国のことだ。イスラエル人はイスラエル共和国と呼ばれるのを嫌い、イスラエル、あるいはイスラエル国だというが、むろん昔のイスラエルとは意味が違う。

これが新約聖書、すなわちキリスト教になると、一種の宗教的共同体を意味するものとして、象徴的にイスラエルという言葉が使われている。教会は新しいイスラエルである、というようないい方もされている。

このように、同じイスラエルという言葉でも、どう使われるかによって意味がまるきり違ってくる。

では「ユダヤ」とはどういう意味なのであろうか。

ユダヤ人・アラブ人・ナバテヤ人・パレスチナ人

南のユダ族の住む地はユダイアとなり、さらにその地に住む人を意味するときはユーダイオスとなる。これがユダヤ人という言葉の意味で、直訳すれば「ユダの地に住む人」であろう。

元来は分裂後の南二部族をさす言葉で、当時の文書には「イスラエルの家とユダのそれがなぜそうなったか。これもまた複雑な問題である。

いまでも、自分はブネイ・イスラエル（イスラエルの子孫）ではあるがユダヤ人ではない、といっている人たちがいる。インドからイスラエルに帰ってきたユダヤ人などがそうで、自分はユダ族の子孫ではないからユダヤ人ではないという。

しかし、現在ではユダヤ人というと、だいたいヘブライ、イスラエル、ユダヤをいっしょにした意味で使っている。ただ、その場合、ユダヤ民族というものがあるのかということになるが、歴史的には、現代の民族主義や、民族国家を意味する「民族」というかたちではなかったと見るのが正しい。

というのは、この「民族」という概念は決して古いものではないからである。

ヘブライというのが民族の概念でないように、ユダヤというのも民族の概念ではなかった。だがこれは何もユダヤ人の特徴ではなくて、民族とか民族主義的な意識は、多くの民族にとっては、近代になって生れたものであろう。現にシナイに住むベドウィンには、家族と血縁集団という意識はあっても、民族とか国家とかいう意識は皆無である。

おもしろいのは、アラブという言葉もヘブライ語で、この言葉が出てくるいちばん古い文書は、旧約聖書のイザヤ書である。ただその「アラビア」という訳語は、砂漠ないし草原といった意味で、現代のアラブ、アラビアと同じ意味ではない（十三章二十節）。エレミヤ書とエゼキエル書にはアラビ、すなわちアラビア人（アラブ人）という言葉が出てくるが、これも草原とか荒野の人という意味で、一民族を表わしているわけではない。いわば、昔の日本人が「唐・天竺」といったいい方で、漫然と「ある方向」と「地域」と「そこに住む人びと」を指しているようなものであろう。

これが旧約と新約の中間時代から、新約時代にかけて、少し変ってくる。この時代のアラブというのは当時のナバテヤ王国（マカバイ記上十一章十六節）で、現在のヨルダンからネゲブのあたりをさしている。ナバテヤ文化の研究は、発掘と文字の解読の双方で相当に進んできているが、まだ完全にその全貌は明らかでない。

このナバテヤについては、中間時代のユダヤ人歴史家ヨセフスの記述がある。たとえば、新約聖書のマタイによる福音書とマルコによる福音書に、娘サロメの舞いのほうびとして、夫ヘロデ・アンテパス王に洗礼者ヨハネの首を切らせる悪女ヘロデアの話があるが、ヨセフスによれば、ヘロデ・アンテパス王の最初の王妃はナバテヤ王の娘で、ヘロデアはナバテヤ人の王妃を追い出してその後釜にすわったということになる。

また、ヘロデの妹で、これもサロメという名の女性が、スュライオスというナバテヤ人との間で恋愛事件を起したというヨセフスの記述もある。

新約聖書の使徒行伝が「パウロがアラビアへ行った」という場合も、だいたいナバテヤをさしている。その周辺が限度で、サウジアラビアのほうまではとても視界に入っていない。ただイエーメンは香料の産地として知られていた。

いずれにしても、当時のアラブという言葉を現代的な意味に理解すると、大きな誤解を招く。これはヘブライにしてもイスラエルにしてもユダヤにしても同じで、聖書を読む場合、時代によって言葉の内容が変っていることを念頭に入れておく必要がある。前に「イスラエル」という言葉を使ったといって、プロ・アラブの日本人から抗議されたことがあり、「イスラエル」でなく「パレスチナ」というのだが、こういう短絡はこまったものである。「パレスチナ」とは元来は「ペリシテ人の地」の意味で、ペリシテはアラブに関係なく、旧約聖書に登場するギリシア系の一民族を示す言葉だということを、その人は知らないらしい。パレスチナという言葉も時代によって意味が違うのである。

イスラエル史のはじまりはいつか

モーセの指導で出エジプトを行なったイスラエル人がどういうかたちで、カナンの地に定着したか。これは実に多くの説があり、聖書の歴史の中でももっとも問題が多い部分である。この時代はサムエル記・列王紀以前だからモーセの五書とヨシュア記、士師記を史料分析して、そこから全体像を引き出してくる以外に方法がない。

モーセに連れられてエジプトを出たイスラエル人は、ヨシュアに率いられてカナンを征服した、というのが出エジプト記とヨシュア記の伝える伝承である。しかし、歴史的事実はこれとは違った現象ではなかったかということが、いろいろな点から感じられる。そこでカナン侵入、土地取得・定着にはさまざまな説が立てられているが、次に有名な学者の代表的な説を四つ紹介することにしよう。

（一）カフマン説――この説は、聖書の記述のなかの一つの筋書きを追って、それをそのまま歴史的事実とする説である。すなわちヨシュアによるカナン征服は歴史的事実であり、彼の指揮下に各部族は団結して戦闘をした。

すなわち、ヨルダン渡河後にギルガルに石を据え、エリコの占領後にエリコを呪い、アイを占領してその王を処刑し、ギベオンの近くで五人の王を敗走させ、北のガリラヤの王への勝利の後に馬の足の筋を切断して戦車を破壊し、その戦闘力を奪った。

ヨシュアは驚くべき戦術家で常に攻撃、奇襲をし、敵を休息させず、次々に町々を占領して、立ちなおる隙《すき》を与えていない。これらはすべて「歴史的描写」であり、多くの学者の説なるものは、その学者の創作にすぎないとする。

この考え方は、通俗聖書物語に採用され、現在出版されているさまざまな聖書物語は、ほぼこのカフマン説を基にし、それに〝信仰的味つけ〟をしたものといえるであろう。

この説はしかし、歴史的に見ればもっとも安易な説で、以上の筋書きに矛盾する聖書の記述も発掘の成果も全部無視している。したがって、学者の中にこの説をとる人はいない。

(二) アルト・ノート説――この説はカフマン説の逆であるといえる。確かに聖書の記述には、勇ましい伝説のみに目をやったカフマン説とは矛盾する具体的な地味な記述が多い。ヨシュアは中央高地のギベオン族とは戦わずして契約を結び、また後のシケムの契約には、「川向うの神々」「アモリびとの神々」に仕えていた多くのものも参集しており、決してヤハウェを絶対とする者の集団ではなかったことを示している。

さらにアルト・ノートは、エジプトの史料から、前二〇〇〇年期の初頭からこの地はエジプトを宗主権者とする都市国家群であり、それがアマルナ時代(前一三六四～前一三四七年)のエジプトの弱体化以来、ときには一時的にエジプトが勢力を握っても、混乱状態がつづいていたことを論証する。

この混乱に乗じ、家畜飼育者であるイスラエルの部族は、局地的例外を別とすれば、都市国家の権力の及ばない周辺部と間隙部および住民の少ない地方に徐々に平和的に浸透していった。これが、ギベオン族との契約と中央高地への戦闘なき浸透に表われている。

そして「征服」の伝承は原因譚説話で、それには必ず「今日まで」という言葉があり、語り手の時代の現状を説明しているにすぎない、とする。

この定着、すなわち半遊牧状態から農耕生活への移行はきわめて徐々に行われ、伝承に劇的な物語を残さなかった。戦争は、定着が完成した後に、都市国家をも支配しようとした時点で起ったのだが、後にこの物語が中心になってしまった、と。

ノートはこの期間をアマルナ時代以降約二百年とみるが、多くの学者はそれは長すぎ、定着の期間はほぼ前十三世紀に限定している。家畜飼育者がゲリラ的に浸透してきて最終的には都市も奪取したということであろうか。だがこの説にも批判は多く、とくにそれが文献の分析のみを基として、考古学の成果を無視している点に集中している。

（三）　オールブライト説——聖書の征服の記述は確かに不正確であり、エリコやアイの場合のように発掘の結果と一致せず、それが原因譚説話である場合も確かにある。しかし考古学の証拠は実際に征服があったことを確認し、その年代決定を可能にしていると主張するのが大考古学者オールブライトである。

すなわち主要な局面は前十三世紀で、デビル、ベテルの破壊はそのころ、ラキシはほぼ紀元前一二二〇年に破壊され、ハゾルの居住も前十三世紀の終りに終っている。そして破壊以後の町々は、貧弱で断続的な居住の跡しか見られず、これがイスラエルの定着を示している。

したがって牧畜グループの平和的浸透という一般理論は承認しがたい。イスラエル人は確かに征服によって居を定めており、比較的短期間にこれが行われていることは、ヨシュアという指導者が大きな役割を演じたと考えられる。しかし、後代の征服まで彼に帰せられていることは否定できないであろう、と。

この説は一見合理的であり、その実証性によって支持者も多い。しかし批判・反論がもちろんある。考古学は確かに「破壊された」という事実は明らかにできるが、廃墟からは史料は発見されていないから、「だれが破壊したか」は証明できない。

都市国家間の争いかも知れぬし、大火事、地震もあり得る。またカナンの弱体化に乗じて侵入して来たのはイスラエルだけでなく、「海の民」の侵入もある。

したがって、オールブライトのように結論することもまたひとつの「解釈」にすぎず、事実の裏づけがあるわけではない、というものである。

(四) メンデンホール説――カフマン説は別だが、アルト・ノート説とオールブライト説は、一見、両立しないように見える。だがメンデンホール説は、この二つが並行現象として相互に関連して起ったと見ており、この点では興味深い。各学説に厳しい態度をとる有名な聖書学者ローラン・ド・ヴォーも、「この理論のある要素は保持する」とのべ、またガラリヤへの定着に関する限り、この説を支持すると記している。また彼のいうとおり「イスラエルの起源は、すべての民族（の起源）同様、曖昧さに包まれている」が、日本のヤマタイ国論争に見られるほどではない。そして私もだいたい、メンデンホールの説がもっとも真相に近いのではないかと思っている。

その説は要約すれば次のようになるであろう。

まずイスラエルの先祖たち、すなわちハビル／ヘブルといわれた人たちは、前述のように、今でいう「遊牧民」ではなく、村落に結びついた家畜飼育者だった。遊牧民が大きな勢力をもつのは、らくだが家畜化されてから、すなわち鉄器時代に入ってからであり、それまでの家畜飼育者と村落の農耕民は対立的でなく補完的であり、対立はむしろ都市国家の間にあった。

エジプトの宗主権が衰え、都市間の対立抗争がひどくなり、農民への重圧がひどくなると流人《るにん》を生ずる。これはちょうど大化の改新により発生した公地公民制の重圧から農民たちが逃れ「一国ことごとく流人になり」といった状態に似た、社会機構の崩壊である。

もちろん流人には逃げて行く先、すなわち受け皿が必要だが、日本でその役をしたのが荘園であったように、彼らの社会では、これがハビル／ヘブルであった。したがって外部からの侵攻移住というよりむしろ、社会の崩壊による都市国家支配からの脱出、それによるハビル／ヘブルという社会単位の増加による一種の「ドーナツ現象」ともいえる。

ただそれだけでは社会的変革は起らない。そこには、その全体をまとめて行動を起させる「核」が必要であろう。

荘園の場合は、中央から下った貴種を中心とする武士団の発生が行動の「核」となったが、イスラエルの場合は、出エジプトを敢行して新しい神ヤハウェの下に結集している集団の到着があった。

彼らはまずヨルダン川東部で行動を起し、王を追放し町々を奪取して破壊し、そこを根拠地としてヨルダン川西部へと向った。

「荒野からヤハウェへの信仰を導入したグループは未来のイスラエルの一構成要素にすぎず、それも少数であった」（ローラン・ド・ヴォー）。いわばヨシュア・グループの到来が、彼らの決起の契機となり、カナン都市国家群の崩壊とハビル／ヘブルの政権奪取へと進んで行くわけである。

このことは聖書の伝承のさまざまな面に表われている。まず原因譚説話にすぎないといわれるエリコの攻略でも、仔細《しさい》に読むと、まず都市は大群集に包囲されて孤立しており、さらにそのなかの最下層の遊女は裏切っている。包囲する者は示威をするだけで実際には戦闘をせずに町は崩壊する。

聖書はこれを「神の絶対的意志」に帰しているが、今なら「歴史的必然」というかもしれない。いずれにせよ、われわれの目から見れば一種の自然崩壊なのである。ついで「アイの強襲」の原因譚説話がある。しかし軍事的強襲は失敗している。これらは何らかの歴史的状況を反映しているであろう。

　そしてそれにつづくのが、ギベオン族との交渉による覇権の確立であり、このように確実に地歩を築き、ある者とは同盟しつつ他を攻撃している。そしてその攻撃において、住民の反抗は記されていない。彼らはおそらくハビル／ヘブルに歓迎されつつ、ドーナツの中心の都市を攻撃したのであろう。

　では、このように強固な核となり得たヨシュア・グループは、どのようなイデオロギーで武装していたのであろうか。それは次章の「日本人にはむずかしい契約の思想」でのべることにして、ここではもう少し歴史について記すことにしよう。

イスラエル国家形成の道すじ

　征服が一段落して、彼らは、シケムで契約をして連合体をつくったものと思われる。しかしイスラエル十二部族という宗教連合《アンフィクチオニー》があったというのは、前述のノートの有名な仮説だが、明確な証拠はない。したがってこれを、「宗教連合仮説」という。いずれにせよ、ここまでのイスラエル史はだいたいにおいて仮説であって、こういう仮説を立ててみると、当時の状況が割合よく把握できるというにすぎない。十二部族というのも、十四部族とも見えるし、勘定のしかたでは六部族にも十部族にもなる。これが後に、十二部族という伝承に定着した。

部族内では、土地は共有であったらしい。共有制が崩れるのは王制になってからで、それまではゆるい共有制の民衆の上に長老がおり、これは支配者というよりもむしろ、内部のもめごとの温和な裁定者であったと思われる。

以上は聖書の本文からも察せられることだが、いずれにしても組織的な国家とはいえず非常にゆるい連合体で、その中心の聖所ははじめはシケム、後にシロにおかれていた。それは民族国家といえるようなものではなかったと思われる。

強い部族、弱い部族があったのは当然で、南はユダ、北はエフライムが強大だった。エフライムというのは、だいたいサマリヤに当る。南のユダと北のエフライムの間には、その当時から反目があった。現代でも、その反目がつづいているように思われる。

長らく宗教連合の中心地であったシロは、エルサレムからシケムに行く道の真ん中あたり、いま行ってみると何もないただの高地だ。遺跡はあるが、当時の遺跡は何ひとつ残っていない。

このゆるい宗教連合が、ひとつの統一的な国家として形成されていったのは主として外圧の影響で、要するに遊牧民その他の圧迫にはじまる。イスラエル人じたい家畜飼育という意味では少なくとも牧畜民だったが、土地に定着すると戦闘能力を失い、そこへらくだの飼育にはじまった新しい型の新しい遊牧民が外部から侵入してきた。

これらの遊牧民は一過性の場合もあるが、土地を取得して定着しようとする場合もある。イスラエル人のカナン定着と同じパターンが、繰り返されようとする。そうなると定着したイスラエルは、今度は防御の側にまわらざるを得ない。

この繰り返しが、中東何千年の歴史だといってよい。遊牧民が周辺の砂漠から入ってきて定着して戦闘能力を失う。それが周辺の遊牧民と契約して、やがてこれに征服されてしまう。そうすると、また、その遊牧民が戦闘能力を失っていくという繰り返しである。

この繰り返しが一応終ったのは、紀元後一五〇〇年ごろのことであろう。

イスラムが中東全体を征服したときも、これと非常によく似たかたちをとっている。ササン朝ペルシアとビザンチンが戦ったとき、両方が自分の周辺のアラブ諸族を契約小国家として味方にひきつけようとした。

両方が経済・武力援助をしているうちに、アラブのほうが強力になって、一方は征服され、一方はその版図《はんと》の大部分を奪取されてしまった。これに似た小現象は、その後も中東ではたえず起っている。ＰＬＯと産油国の関係も、これと似たかたちで展開されるかもしれない。

古代イスラエルの歴史は終った

シュラキというイスラエル史の学者は、外から入ってきたイスラエル人よりも、元からいたカナン人のほうが、文化的水準ははるかに高かったという。

それが征服によって急に同じ文化水準になったと考えるのは間違いで、まず浸透し、定着している間に、徐々にカナン文化を吸収していったのだろう。

これはローマに対するゲルマン人の場合も同じで、傭兵その他として徐々に入ってきて、ローマ化されていった。そして、それらが手引きしたようなかたちで、最後に民族大移動が起っている。

イスラエル人のカナン定着は、文化的にはこれの小型版だとシュラキは見ている。そしてこの現象もまたその後も繰り返し起ってくる。それに対抗して、イスラエルは一つの強固な民族国家にならざるを得なくなる。外圧がその国を変化させるのは、イスラエルや日本のような辺境の小国では、普通の現象であろう。

すでにのべたようにイスラエル史のはじまりは、カナン定着の紀元前一二五〇年ごろに置かれる。では、イスラエル史の終りはどこか。日本の場合は、まだ歴史の終りはないが、イスラエル史は紀元七〇年が終りとされている。これはエルサレムがローマに占領されて、神殿が焼け落ちた年である。

もっとも、マサダというところで七三年まで抵抗した人たちもいたし、一三二年にはバル・コホバの乱という独立戦争があり、三年間ほど独立を回復し、貨幣まで発行している。だが、これはエピソードにすぎず、古代国家としてのイスラエルは紀元七〇年に終った、と見るのが普通であろう。

イスラエル史のおもしろい点は、その発生から終焉までを、聖書や、関連史料、発掘の成果という多くの基礎研究をふまえて探究できる点にある。いわば、出生から死亡までの伝記が書けるような状態なのである。

これ以後を、ディアスポラの時代と呼ぶ。ディアスポラとは離散という意味で、文字どおり、イスラエル人が世界中に四散した時代である。

それから約千八百年後、一八八〇年に、現代イスラエルの歴史がはじまる。一八八〇年にそのはじまりを置くのにはいろいろ問題もあるが、この年から、新しい体制をつくろうというシオニストのパレスチナ移住がはじまるわけである。それ以前にもパレスチナへの移住はあったが、これはハルカと呼んで区別される。同じ移住でも、目的が違っていた。シオニストたちの移住は、はっきりとイスラエル国家の再建をめざしている。

ここではじめと終りを記したので、その間の歴史的経過を簡単に記すことにしよう。

消えたイスラエル人のナゾ

前述のような体制で、外部からの侵入に対しては、士師《ショフティム》という一時的指導者が決起し、部族を統合してこれを指揮して対抗する時代がつづいた。これは一過性の侵入には対抗できるが、腰をすえた侵略には対抗できない。それが王制へ移行した大きな理由であり、この侵入者は、南部の海岸に定着した「海の民」ペリシテ人であり、これがパレスチナという言葉の起源となった。

旧約聖書に、最初に登場する王はサウル（サムエル記上八章以下）であって、王制がしかれたのは、紀元前一〇二〇年とされている。

だが、サウルを王と呼んでいるのは後代の資料で、古い資料はナギドと呼んでいる。司《つかさ》あるいはリーダーといった意味で、王《メレク》ではない。したがってその性格は、士師から王への移行期を示していると思われる。彼は自らの官僚をもたず、その権限も明確でなかった。

サウルの次がダビデ、そして、その次がソロモンで、官僚機構はダビデのときはじめてややかたちをなし、ソロモンのときに完成した。こうして一つのイスラエル国家が形成され、その版図はダビデのときに最大となった。またソロモンは商業王として莫大な富を蓄積した。

だがこの統一国家も、紀元前九二二年に北と南に分裂する。これからが分裂時代で、北のイスラエル王国は紀元前七二二～七二一年にアッシリアに滅ぼされ、こうして北十部族は歴史から消えてしまう。

王制時代の年表

—ヘブル王国時代（前1000–587）—

1000–961 ダビデ，ユダの王として1000–993，全イスラエル統一国王の王として993–961
961–922 ソロモン，その治世の第４年に神殿起工（Ｉ王６：２），銅山の開発，通商の振興
922 王国分裂，ユダ王国（南王国）とイスラエル王国（北王国）と併立

ユダ王国 (922–587)

レハベアム (922–915)
アビヤ (915–913)
アサ (913–873)
ヨシャパテ (873–849)
ヨラム (849–842)
アハジャ (842)
アタリヤ (842–837)
ヨアシ (837–800)
アマジヤ (800–783)
ウジヤ（アザリヤ，783–742）
〔ヨタム，摂政，750–742〕
ヨタム (742–735)
アハズ (735–715)
ヒゼキヤ (715–687/6)
マナセ (687/6–642)
アモン (642–640)
ヨシヤ (640–609)
エホアハズ (609)
エホヤキム (609–598)
エホヤキン (598/597)
ゼデキヤ (597–587)
●エルサレム陥落
ユダ王国滅亡

〔預言者〕
イザヤ (742–701)
ミカ (736–693)
エレミヤ (626–586)
エゼキエル (597–)

イスラエル王国 (922–721)

ヤラベアムＩ世 (922–901)
ナダブ (901–900)
バアシャ (900–877)
エラ (877–876)
ジムリ (876)「７日天下」
オムリ (876–869)
アハブ (869–850)
アハジヤ (850–849)
ヨラム (849–842)
エヒウ (842–815)
エホアハズ (815–801)
ヨアシ (801–786)
ヤラベアムII世 (786–746)
ザカリヤ (746–745)
シャルム (745)
メナヘム (745–738)
ペカヒヤ (738–737)
ペカ (737–732)
ホセア (732–724)
●サマリヤ陥落，イスラエル王国滅亡

〔預言者〕
エリヤ (869–845)
エリシャ (853–793)
アモス (752–738)
ホセア (746–735)

※ゴシック体は重要な王名，
横線は王朝の変化を示す。
ユダ王国はアタリヤ以外は
すべてダビデ王統である。

この失われた十部族がどこかへ行ったのではないかという考え方があり、いろいろな伝説が作られ、日本に来て日本人の先祖になったという珍説もある。

日猶同祖説というのだが、これが不思議なくらい根強い。たとえば私自身もイザナミノミコトはイザヤであるという講演を聞いて、びっくりしたこともある。

これは日本側だけでなくユダヤ側にもあり、日本・イスラエル同祖説を証明した人がいたら全財産を贈る、と遺言して死んだ大金持のユダヤ人が南アフリカにいた。

これは、おそらく孤立した両文化の心理的要因から出てきたものだろう。他に何の原因も考えられず、旧約聖書を読んでもそういう痕跡はまったくない。前述のシュラキは、当時の多くの小民族と同じように、北の十部族は文化的に他に吸収されたのだと見ており、こう考えるのが普通である。

それにしても、北の十部族が「消えてどこかへ行った」という発想は興味深い問題を提出する。これはおそらく、ユダ成立、バビロン捕囚以後にもユダヤ人は消えなかったという連想からきているのであろう。もっとも北も、文化的伝統という面では消えておらず、エズラ記・ネヘミヤ記にサマリヤ人として登場するし、さらに十字軍の時代になっても、サマリヤ人・ユダヤ人は併存している。

サマリヤ人というのは、かつてサマリヤを首都とした北のイスラエル人たちのうち、何らかのかたちでその独特の書体と五書のみの聖書を継承してきた残存者、一方ユダヤ人は、南のユダの系統を継ぐ人たちともいえる。もちろん両者とも、さまざまな歴史的過程を経ているから、北イスラエルの人が直接にサマリヤ人として残っているわけではあるまい。ただユダヤ人とは違うその文化の一部が今も残っているということである。

そのときは生き残った南のユダ王国も、紀元前五八七〜五八六年のエルサレム陥落とともに終りをつげた。サウルからこの終焉までを、「王と預言者の時代」と呼び、また、第一神殿期というのも、この時期である。

だがこの間のことは「預言」のところで記すとして、次へ進もう。

旧約聖書はいつ完成したか

南王国を滅ぼしたのは、北を滅ぼしたアッシリアではなく、それに代って興隆したバビロニアであった。そして、それからバビロン捕囚がはじまる。もっとも全員がバビロンに移されたわけでなく、いわば指導者階級が移され、残りのものはバビロニアが任命した総督に支配されていた。最初の総督ゲダリヤは過激派に暗殺されている。

この捕囚が何年つづいたかは、捕囚も帰還も二次以上にわたっているので正確に数えにくいが、いずれにせよ彼らはペルシア王キュロスがバビロンを占領したときに釈放された。

占領は紀元前五三九年、翌五三八年にユダヤ人釈放の布告があり、この年にパレスチ

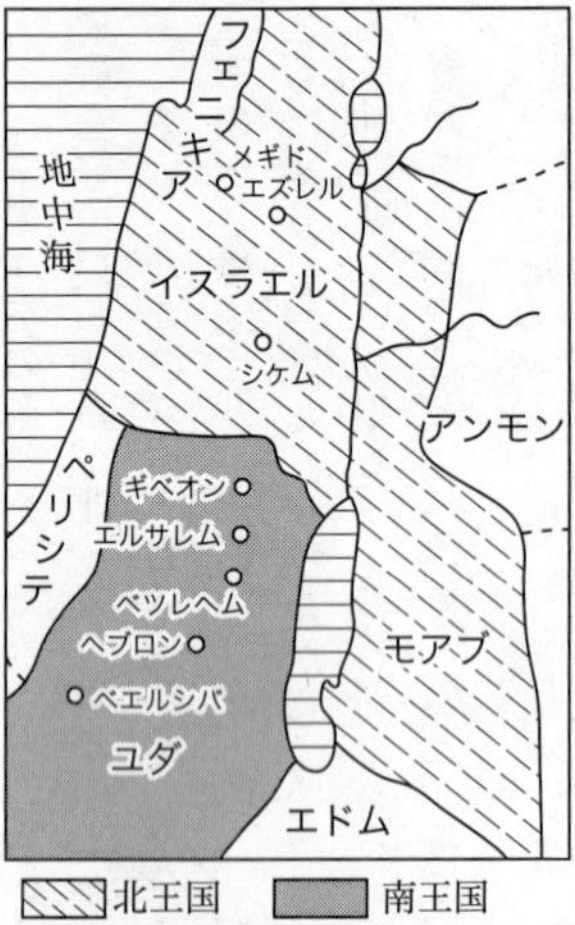

↑北王国イスラエルと南王国ユダ

ソロモン以後の王国の分裂

ソロモン時代の版図→

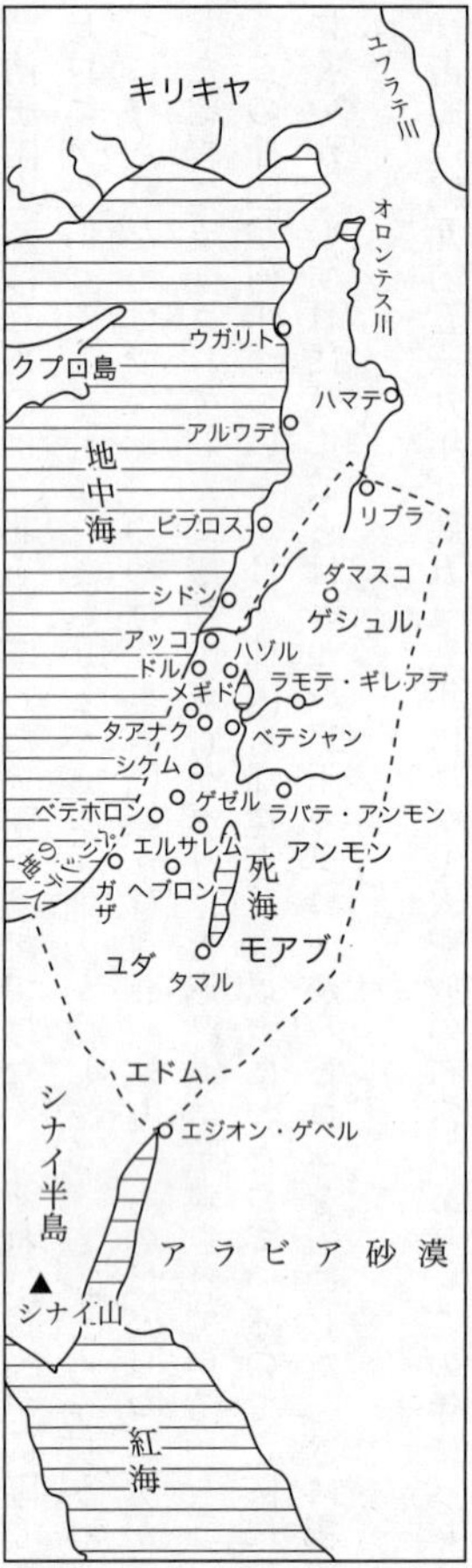

ナへの第一次帰還が行われ、ついで二次帰還、さらにその後にも帰還があったと推定されている。これでバビロン捕囚の終り、第二神殿期のはじまりとなる。

第二神殿期というのも非常に漠然としたいい方だが、捕囚から帰った人びとによってエルサレムの神殿が再建され、神殿が政治の中心で、祭司侯国といわれる時期、これをユダヤ教の形成期とみていい。

だが、待ちに待った捕囚からの帰還も、それが現実の問題となれば、さまざまな苦難がそこに待ちうけていて当然だった。発掘も、この時代のパレスチナがあらゆる面で退化し、経済的にはまったくひどい状態であったことを示している。帰還民にとっては、この状態から脱却する経済再建が第一であり、神殿の再建や精神的な復興が第二、第三の問題となったことは、戦後の日本を考えても当然のことであろう。

その人びとを覚醒させ、神殿を再建して民族として再生させるために活動した預言者がハガイとゼカリヤである。これはあまり注目されないことだが、彼らがいなければ、ユダヤ人はその思想的・民族的独自性を失い、他民族の中に埋没して消えてしまったかもしれない。

ハガイが預言を開始したのは「ダリヨス（ダレイオス）王の第二年、六月一日」とされているから紀元前五二〇年である。預言は「万軍の主はこういわれる。この民は、主の家（神殿）を再び建てる時は、まだこないといっている」ではじまる。だが本当にそ

王制時代後の略年表

前586	ユダ王国滅亡・エルサレム陥落 〔バビロン捕囚〕（〜538）	
538	ペルシア王キュロスによる 捕囚民解放令	モーセの五書
516	エルサレム神殿の再建 〔第二神殿期〕	●エズラの宗教改革
444？	ネヘミヤ、エルサレム城壁を修復	旧約の完成
332	アレクサンドロス大王の支配	
320	大王の後継者支配下のパレスチナ (エジプトのプトレマイオス朝→シリアのセレウコス朝)	
167	マカバイ一族の反乱（〜142）	

うなのであろうか。

「主の家はこのように荒れはてているのに、お前たちは、自ら板で張った家に住んでいる時であろうか。……お前たちは自分のなすべきことをよく考えるがよい……」

彼は、総督のゼルバベルと大祭司のヨシュアをはげまし、また「残りのすべての民の心」を揺り動かしたので神殿の再建は六月二十四日にはじまった。そしてこのようにして新しい時代は、はじまったのである。

とはいえそれは、第一神殿期と同じような時代がきたということではない。バビロン捕囚の間に起きた最大の変化は、イスラエル人の宗教が神殿中心の祭儀宗教から書物による思想の宗教へ移行したことであろう。祭儀の中心である神殿が失われたため、聖書だけに頼らざるを得なくなり、それだけが、基準とすべき正典とされたからであろう。そしてこれがあったから、かれらはその地の文化に吸収されて消えてしまうことがなかったと思われる。その意味ではかれらは確かに「聖書の民」である。

聖書の編纂はこの捕囚期にはじまったと思われる。旧約聖書が正典として形成されていったわけである。このことが、第二神殿期の「宗教改革」の基礎となったといえる。

第二神殿期はエズラとネヘミヤの帰国で前期と後期とに分けるが、これはだいたい紀元前四四四年で、このころにはモーセの五書は完成していた。これが正典としての聖書のはじまりといえる。

では、旧約聖書の最後の書ができたのはいつごろだろうか。それはダニエル書で、その中に記述されているのは紀元前一六七年までのことなので、このころと思われる。

ダニエル書というのは、いま読むとたいへんわかりにくい。キリスト教徒はこれを「預言」にいれているが、ユダヤ教徒は「諸書」に入れ、黙示文学として扱っている。内容からみればユダヤ教徒の分類のほうが正しいであろう。

この書はその思想がきわめて新約聖書に近く、学者によってはこれを「旧約の終りで、新約のはじまり」とする。

以上の歴史のなかで起ったさまざまな事件はそれが歴史に与えた影響を主題として、以下に順次に記していくことにしよう。

日本人にはむずかしい契約の思想

聖書の「契約」とは？

われわれは何の抵抗もなく旧約聖書、新約聖書という。その「約」とはいったい何だろうか。「約」は契約の「約」で、ヘブライ語では「ベリート」といい、ギリシア語では、「ディアテーケー」、ラテン語では「テスタメントム」といい、そこから「テスタメント」という英語になった。

前述のように旧約という概念は新約という概念があってはじめて出てきたもので、旧約・新約というい方はだいたい二世紀にはじまり、それ以前にはなく、現代でもユダヤ教徒は旧約という言葉を使わない。また新約時代にも、「新しい契約」「古い契約」（コリント人への第二の手紙三章六節・十四節）という言葉はあっても、すぐに旧約聖書という言葉が出てきたわけでなく、旧約のことは「グラッフェ」とも呼んでいる。「書かれたもの」という意味で、要するに「本」のことで、今日でも英語でBOOKと大文字で書くと、聖書の意味になる。いずれにせよ、「聖書」の基は「契約書」なのである。「契約」という概念が日本人にあるかないかはよく問題になる。だが、この議論にはしばしば概念の混同があるように思われる。というのは、契約には四種類あり、通常これを、

(一)　上下契約
(二)　相互（対等）契約
(三)　履行契約
(四)　保護契約

とするが、日本人にないのはおそらく「上下契約」で、他の契約概念は、定義が明確でなく漠然とはしていても、日本人にもあると思われるからである。

たとえば日本にも「忠臣」がおり、「忠臣蔵」もある。しかし当時の家臣は殿様との間に契約を結んでいたわけでなく、またこの契約を完全に履行するのが「忠」だという発想があったわけではない。これは西欧の騎士が主君と契約を結んでいたのとは大きな違いである。もちろん戦時中にも、天皇との間の契約を死んでも絶対に守るといった発想はない。

この「上下契約」は、実は聖書の中の基本的な考え方であり、絶対者なる神との契約

を絶対に守ることが「信仰《フェイス》」すなわち「神への忠誠《フェイス》」なのである。したがってその意味は日本人のいう「信仰」「信心」といった言葉と非常に違う。そして「神との上下契約」という考え方が基となっているので、聖書の宗教は「契約宗教」と呼ばれ、それが明確に出ているのが、俗に「モーセの十戒《じっかい》」といわれる「シナイ契約」である。

「神と契約を結ぶ」などという発想は、われわれからみればまったく突拍子もない考え方である。いったい、なぜ、このような考え方が出てきたのであろうか。

「唯一絶対神という概念は砂漠から生れた」とよくいわれる。日本人には何でも風土に帰する伝統があり、そういう見方がでて不思議ではないが、砂漠があるから唯一絶対神という発想と、契約神という発想がでてくるわけではあるまい。もしそうなら、砂漠のあるところにはすべて、この発想がでてくるはずである。

人間は文化的生物であり、自然的環境だけでなく、文化的環境の影響も強くうける。この「神との契約」が「オリエント宗主権条約」を基にしているという考え方は、おそらく正しいであろう。これもまたメンデンホールの説である。

彼はヒッタイトの大皇帝とそれに従属している小王との間の上下契約に着目し、その形式がシナイ契約ときわめて類似していることを指摘する。

このオリエント宗主権条約は次のようなかたちになっている。まず、

（一）大皇帝の自己紹介

(二) 過去の歴史的関係と与えた恩恵
(三) 契約条項
(四) 証人または証拠
(五) 契約を守った場合の祝福、破った場合の呪い

シナイ契約はすくなくとも申命記では、確かにこのようなかたちになっている。すなわち、まず (一) 神の自己紹介「私はお前たちの神ヤハウェであって」があり、ついで (二) 過去の歴史と与えた恩恵に「お前たちをエジプトの地、奴隷の家から導き出したものである」とつづく。

ついで契約条項の第一条「お前は私のほか何者をも神としてはならない」は、宗主権条約でも当然であり、この場合には「私のほかだれをも大皇帝としてはならない」であろう。

以下の契約条項として十の戒めがあり、証拠として二枚の石の板にきざまれた契約書が与えられる。ついで「見よ、私は今日、お前たちの前に祝福と呪いを置く。もし今日、私がお前たちに命ずるお前たちの神ヤハウェの命に聞き従うならば、祝福を受けるであろう。もしお前たちの神ヤハウェの命令に従わず、私が今日お前たちに命じた道を離れ、お前たちの知らなかった他の神々に従うなら、呪いを受けるであろう」となっている。

モーセの十戒を以上のようにみてくると、メンデンホール説には、なるほどと納得がいく部分が多い。自分のほかだれも神としてはならないという条項は、ここに「大皇帝」を入れてみれば当然であって、宗主権条約を結んでいる小王が他の「大皇帝」を自分の皇帝とするなら、それは反逆であり、罰せられて当然だからである。

また、この神との契約に違反するような相互契約も許されない。イスラムは元来、アラーとの契約のみで、人と人との間の相互契約という考え方はなかったという。これは旧約でも基本的には同じであり、それが当然であろう。というのは宗主権条約からみていけば、二人の小王が勝手に相互契約を結んで、自分との間の上下契約をやぶれば、それは反逆に等しいからである。

ローラン・ド・ヴォーは「契約《ベリート》による相互の約束は、神とその民との関係が問題になる行いは古いテクストには決して見出されない。決して民は『契約《ベリート》を結ばない』、それをするのは常にヤハウェである」と記している。これはそうあって当然であろう。というのは上下契約はつねに「上」が契約を示して「下」が署名するからである。

このメンデンホール説は、さまざまの問題点を含むとはいえ、これにかわる納得できる説はだれも、提出していない。ただ問題は、このような国際条約がなぜ宗教にとり入れられて、神との契約を絶対化する宗教が生れてきたかということである。この点には明確な解答はない。

この絶対主義は、個人の規範を絶対化する。そしてこれが、砂漠から出た一握りのヤハウェ主義者が社会変革の「核」となり得た理由であると思われる。

新約の契約「ディアテーケー」は、「遺言」という意味もある。これは大変におもしろい言葉で、「遺言」とは死者と生者との一方的な契約であり、したがって、生者が相互契約でこれをどうにかすることはできない点で、まさに絶対的契約なのである。そしてこの契約を宗教化し絶対化するという発想は、聖書にのみある発想である。

宗主権条約も契約の対象は「唯一」であり、他とも契約をすることは許されない。したがって唯一絶対神という発想と契約とは切っても切れない関係にある。

ブライトという学者は「唯一神論者とは、神は唯一であると説く者の意味なら、モーセは決してそうでない」というおもしろい定義をしている。モーセにとっては、人格をもつ契約の対象はヤハウェだけだということ、すなわち彼が宇宙の宗主権者であるということで唯一絶対なのであって、神という概念が他の対象にも付されていようといまいと問題ではないのである。

この関係も、宗主権条約を結んだ大皇帝が唯一絶対で、他に大皇帝がいようといまいと、それは関係ないというのと似ているであろう。

ヨーロッパ人にとっての宣誓

ヨーロッパ人の考え方には、いまでもこの「遺言《デイアテーケー》」という契約思想がある。日本人は、そうでなくあくまでも話し合いであり、たとえば、親が死んで遺族が遺産わけをする場合でも、遺言（絶対的契約）が無視されて、子どもの話し合いで事が決するケースが多い。

新聞などを見ると政治・経済上の問題が生ずると「話し合い」「話し合い」と出てくるが、その話し合いの基本に、上下契約的な絶対的なものは何もない。

ここに契約概念の大きな違いがある。そこでわれわれには、ヨーロッパ人の神と人との契約が、非常に奇妙に感じられる。したがって、上下契約下の「宣誓」という概念は、宗教学者と称する人にもわからないらしい。「宣誓」は、上に絶対的なものがない限りあり得ない。軍隊で部下が上官に従うのも、宣誓のゆえであり、絶対者との関係が先にあって、次に上官と部下との関係がある。これが、ヨーロッパ人の契約概念のいちばん元になっている。

こういう意味でも、その契約の最古のものは何かといえば、やはり「シナイ契約」すなわちモーセの十戒ということになろう。モーセの十戒が、二人称単数命令形になっていることに注目しなければならない。

単数・複数は日本語にないので、たとえば「なんじ殺すなかれ」といわれると、われわれはなんとなく「おまえたちは殺してはいけないよ」というふうに受け取る。しかし、これはひとりひとりにいわれており、各人と神との一対一の契約なのである。

すなわち「なんじは」であって、決して「なんじらは」ではない。おのおのがそれを守る、つまり神との間の契約を各人が守ることが先で、その結果、お互いに殺し合わないという相互の関係が成立する。聖書の契約の特徴として、まずこの点を明確に把握しておかなくてはならない。

というのは日本にはこのようなかたちの契約という考え方がないからである。たとえば「姦淫するなかれ」という上下契約がある。だが強姦以外の姦淫は必ず相互の「話し合い」で成立する。日本では「話し合い」が絶対だから、たとえば、高校生売春などの場合、これをとがめられた女子高校生が「二人が話し合いでやったこと、あなた関係ないでしょ。口出ししないで」といえば、教師も親も返事ができず、「民主主義だから仕方がない」などという。

しかし、これは民主主義とは関係のない、日本的な「話し合い絶対主義」、いわば上下契約なき世界の論理なのである。

もうひとつ、聖書の契約という意味には、将来をあらかじめ規定するということが含まれている。これに反して「武士に二言はない」といっても、それはその瞬間のことであって、日本の契約書というのは、何か問題が起った場合は「双方誠意をもって話し合うものとする」となっている。

しかし、ヨーロッパ人にいわせると「そういう契約なら結んでもしようがない」ということになる。問題が起ったときに、はじめて話し合うのではなくして、起るべきあらゆる問題についてあらかじめ決めておくのが契約だというわけである。以上のような契約の概念も、日本にはない。

未来に起りうることをすべて想定して、それについていちいち現在取り決めておく。これは、歴史的に未来を規定するという意味を持っており、ここから契約は預言すなわち「未来にあり得る契約の予告」という考え方が出てくる。エレミヤ書の第三十一章三十一節以下はその一例である。

ユダヤ人の聖書編纂について、聖書全体を一つの契約書としてみる見方について前述したが、預言を将来への契約とみれば、これも契約であり「預言の成就」は「契約の完了」になるであろう。

世襲という考え方

神と人との契約として、モーセの十戒をあげたが、体制的・政治的ともいえる「契約」が出てくるのは、もっと後の「ナタンの契約」であり、このあたりから政治体制を「神との契約」とする見方が明確に出てくる。これは「憲法絶対」のように、「神との契約」が基本法であるという見方になっていく。

　ナタンは、ダビデ王のときの宮廷預言者である。それまでのイスラエルは、前述のように士師時代または士師的時代で、危機のときは神から特別に召命を受けた指導者が民を指導する――この指導者を士師《ショフティム》という――という体制をとっていた。これについてはすでにのべた。

　この士師は男でも女でもよく、士師記第五章に「デボラの歌」があるが、このデボラは女士師である。

「士師」という日本語訳は中国語訳の流用でたいへんわかりにくいが、古い文語訳聖書は「さばきづかさ」とかなをふっており、ほぼその意味である。

　私は「裁定者」と訳したほうがいいと思っているが、ヘブライ語のナギードもこの意味を持ち、主として部族間などの問題に裁定を下す人であり、同時に宗教的・政治的・軍事的指導者をさしている。

　それが、紀元前一〇二〇年、士師の一人サウルがはじめてユダの王位について、王制へ移行した。もっとも、サウルは王制への過渡期に立つ人で、完全な意味での王とみるべきか、あるいは首長とみるべきか問題はあるが、次のダビデ王が全イスラエルを統一し、その王位を息子ソロモンに譲ったときから、王制の特徴である世襲がはじまったといえる。士師には世襲という考え方はないからである。

そうすると、契約のほかに「血統」が入ってきて、ダビデ王の跡を息子のソロモンが継ぐのは、どのような根拠によるのかという問題がでてくる。

日本は擬制の血縁社会だから、親の跡を子供が継ぐか、血縁がなくても子のようにみなされる養子が継ぐのは不思議でないが、イスラエルでは指導者は原則的にそうではなく、カリスマティック・リーダーである。モーセの子供がモーセの跡を継いで、民の指導者になれるわけではない。このことは、厳然と確立していた原則であった。

では、なぜ、血統的な王制がイスラエルに成り立ちうるのか。これも、契約というかたちで、はじめて成り立ちうる。これが、サムエル記下の第七章に出てくる預言者ナタンによる契約、すなわち「ナタン契約」である。

王といえども契約を守る

サムエル記下の第七章の前に、第五章を読んでみよう。

「イスラエルの長老たちがみな、ヘブロンにいる王のもとにきたので、ダビデ王はヘブロンで主の前に彼らと契約を結んだ」(三節)とある。ダビデがサウルの跡を継いで、ユダの王となったときのことだ。それは明らかに、契約によって王とされている。

しかし、息子のソロモンが王位を継承することはこれとは別であり、したがって別の契約によらなければならなかった。それが、ナタン契約として出てくるもので、ナタンは神から示された言葉を、次のようにダビデに伝える。
「あなたが日が満ちて、先祖たちとともに眠るとき、わたしはあなたの身から出る子を、あなたのあとに立てて、その王国を堅くするであろう。彼はわたしの名のために家を建てる。わたしは長くその国の位を堅くしよう」（七章十二、十三節）

しかも、これには「もし彼が罪を犯すならば、わたしは人のつえと人の子のむちをもって彼をこらす」（十四節）という条件がついている。このように、血統は無条件の前提ではなく、一定の契約条件がつけられていた。

契約を守っているかぎりは「わたしがあなたの前から除いたサウルから取り去ったように、彼からは取り去らない」――サウルはペリシテ人との戦いに敗れ、三人の子とともに戦死したが、それ以前からすでに人望はダビデに集まっていた。

そのダビデの子らも、契約を守らなければ同じ結果になるだろう。しかし、契約を守っているかぎり、その子孫は王位を長く保つだろう。これが、世襲についてのナタン契約である。

このナタン契約は、きわめて重要な要素を含んでいる。それによってイスラエルには絶対王制は成立せず、王といえども契約が絶対であり、預言者が王を糾弾しうるその根拠は、契約絶対で王絶対でないという考え方があったからである。

契約を守らない王はすでに王でないから、取り去られていい。その子孫が王位についていられるのは、契約を守っている間だけ、守らなければ、地位の保証はない。だがソロモン王は、その知恵と栄華の陰で、諸外国の腐敗の影響に染まり、それによって契約を破り、ついにその死とともに王国は南北に分裂してしまう。父ダビデが王国を統一してから、わずか七十年後であった。

聖書にはソロモンの子レハベアムが、税を軽減してくれという民の要求を一蹴したので、次のようにいって去ったと記されている。

われらはダビデのうちに何の分があろうか、エッサイの子のうちに嗣業《しぎょう》がない。イスラエルよ、各々その天幕に帰れ。ダビデよ、今は自分の家のことを見よ。

レハベアム王は徴募の監督のアドラムを派遣したが、民は彼を石で打ち殺して、ネバテの子ヤラベアムを王とした。

以後のイスラエル史は、まるで王と民の契約違反史のようなかたちの展開で、列王紀は、つねに、「ヤハウェの道」を歩まなかった王を糾弾している。このように主権者の糾弾がつづく歴史書も珍しいであろう。

現代も生きる聖書の律法

ユダヤ人の生き方を規定する

私は前に旧約聖書から出た宗教に、ユダヤ教、キリスト教、イスラム教の三つがあるといった。そしてそれぞれが、旧約につづいて、タルムード、新約、コーランを正典としていることも、すでにのべた。

タルムードはわかりにくい膨大な本であって、全部読み切ることはわれわれにはもちろん、ユダヤ人でも、専門のタルムード学者でないと不可能に近い。このタルムードの基礎となっているのがミシュナで、紀元前二〇〇年から紀元二〇〇年ごろまでの約四百年の間に伝えられた口伝の律法の収録である。

内容は律法《トーラー》（モーセの五書）の施行規則といったらいいだろう。安息日規定とか婚姻規定とかが、こまかく記されており、トーラーのこの言葉はこういうことを意味する、というかたちで規定された条文集で、全六巻から成っている。

読みはじめるとだれでも少々げっそりするであろうが、同時に「なるほど、契約とはつねにこういうかたちになるだろうな」という気もする。欧米人と重要な契約を結ぶと「電話帳ぐらいの厚さになる」といわれるが、あらゆる場合を想定して完全に細かく規定すればそうなって不思議でない。

たとえば「安息日編《シャバット》」である。これは出エジプト記（十六章二十九節）の「見よ、ヤハウエはあなたがたに安息日を与えられた。ゆえに六日目には二日分のパンをお前たちに賜わるのである。おのおのその所にとどまり、七日目にはその所から出てはならない」が基になっている。

では「その所から出てはならない」とは何を意味するのか。部屋から出てならないのか、家から出てならないのか、村から出てならないのか。また「出る」とは、体全部が出ることなのか、手や足だけが出ることなのか。それを規定するため、この章は「出てはならない、とは次のことを意味する」ではじまっている。

確かに少々うんざりするが、「契約」とは元来こういうもの、そして契約宗教とはこういうかたちになるであろうなと思わざるを得ない。それが生活の全般にわたる。

たとえば、ユダヤ教における結婚は、「結婚契約編《ケツボート》」により、その第一条を読むと「処女なる初婚のものは水曜日に結婚し、再婚者は木曜日に結婚しなければならない」

と結婚式の曜日まできめている。そして、こういう発想は新約から非常に遠いと思わざるを得ない。しかし両者とも基本は旧約であり、ミシュナは新約理解のためのもっとも貴重な参照文献である。

ミシュナとは「繰り返す」といった意味で、元来は、文書化した正典と分けるため口伝であったものを、繰り返し繰り返しして覚えよというところからきた名であろう。それを文書化したわけだが、文書化の完結は紀元二二〇年で、新約時代の一世紀末ごろまでは、文書化されていなかった。

その理由は文書化し正典化すると律法解釈が固定するからということで、正典は聖書だけ、その他、施行規則などはたえず変えていっていいという弾力的な考え方があったからであろう。

しかし、ユダヤ戦争以後、これが固定化し、ラビ・エフタ・ハナッシーによってガリラヤのティベリアスで編纂された。ハナッシーとは、ここでは学頭とか塾頭とかいった意味である。

このミシュナが、タルムードの元になっている。これに、ミシュナへの注解と付加のようなかたちで加えられたものをバライタとゲマラという。バライタは「削除」の意味でミシュナ編纂のとき削除されたものをいい、ゲマラとは「完成した」という意味である。

さらにメギラ（巻物）が入る。この場合のメギラとは「敷衍《ふえん》、補遺」の意味。またさらにトセフタ「欄外」が加えられる。いわば、欄外に書き込まれた部分であり、こうしてタルムードが完成したのは、五世紀から七世紀にかけてのこととされている。

日本のように外来文化を中心とした国では、この行き方は少々奇妙にみえる。しかしあくまでも自国文化を中心にこれを発展させた民族の行き方は、みなこのようなかたちになる。前にこのことを中国の専門家に話したところ、中国人の行き方も、これにきわめて似ているといわれた。

すなわち、孔子への注解があると、次にその注解への注解が出て、さらにまたその注解が出るというかたちで発展していき、それによってその古典がそれぞれの時代にも現代にも生きている、という。伝統文化主体のユダヤ人の行き方もこれと同じで、律法《トーラー》↓ミシュナ↓バライタ↓ゲマラ↓メギラ↓トセフタというかたちになり、さらにマイモニデスによる「ミシュネー・トーラー」（第二のトーラー）という再編集、つぎにヨセフ・カロによる「シュルファン・アルフ」（整えられた食卓）という条文化によって、現代につづくわけである。

律法は現代も生きている

以上のような歴史をたどれば、律法《トーラー》が、それぞれの時代に注解で生かされ、また時代に即応するように条文化され、また敷衍や釈義も加えられ、今も生きて、人びとの生活の規範となっていて不思議でないであろう。

たとえば、食べ物についての規定などでも、外部からみると「掟の上に掟を立てる」で、どんどん増えて膨大なものになっていく。だがその基を探れば律法《トーラー》とくに申命記の規定なのである。

ときにはそれが笑い話のようになるが、イスラエルでは肉の出るレストランではバターも乳製品も出ないし、アイスクリームも食べられない。また、レストランは乳製品用キッチンと肉製品用キッチンを分けねばならない。これはまじめなユダヤ教徒も同じで、乳製品用と肉製品用の流しが別々になっている。アメリカのユダヤ人にも同じことを実行している人がいて、下宿した日本人が不思議がった例がある。

なぜこういう規定があるかというと、旧約に「子やぎをその母の乳で煮てはならない」（申命記十四章二十一節その他）とあるからだ。これは牧畜民としてごく常識的な規定であるが、これが拡大解釈され徹底化すると、同時に食べると腹の中で煮ることになるからいけないということになる。

しかし、そのアイスクリームに使われた牛乳は、ビフテキになった牛の母親のものという証拠はないではないかと質問すると、ビフテキになった牛の母親のものではないという証拠もないからだめだという。こうまでいわれると、それならアルゼンチンから輸入した肉と、現地の乳製品ならいいのかと、皮肉もいいたくなる。

だが、皮肉や嘲笑を別にして考えれば、どの民族にも相当に厳格な生活規範があり、振り返ってみれば日本人も例外でないということである。われわれは犬、猿、蛇、蟻の卵は食べないが「なぜか。何に基づくのか」と、それを食べるのがあたりまえの民族から問われれば返事はできない。しかしユダヤ教徒やイスラム教徒が、「なぜ酒をのまないのか」「なぜ豚、貝、うなぎ、かに、えびの類を食べないのか」と問われれば明確に答えることができる。いわば彼らは規範の典拠が神との契約というかたちで明確になっていて、われわれのように「何となく……」ではないのである。

規則は、だんだん細かくなり、外部からみればばかばかしいものにもみえてくる。もう一つ例をあげると、イスラエルはいまでも私生児は正式の結婚ができない。

つまり、申命記第二十三章二節に「私生児はヤハウェの会衆《かいしゅう》に加わってはならない。その子孫は十代までもヤハウェの会衆に加わってはならない」とあり、会衆に入れられないから、宗教法上の結婚が認められないことになる。

そこで、最近、自分は私生児であるけれども、ちゃんと税金を払っている、兵役をはたし、戦争にも行っている、市民としての義務をはたしているのに結婚できないのはなぜか、これを何とかしてほしいという陳情が出た。

しかし、この問題は議会《クネセト》ではどうにもできず、こういう民法＝宗教法上の問題は、俗にヘカル・シェロモといわれる最高ラビ法廷が宗教法に基づいて裁定を下すことになる。
この陳情に対して、デービッド・ゴレンという最高ラビが、どう律法を解釈したのか私にはわからないが、その場合は「よろしい」という判決を下した。われわれにはごく妥当な判決と思われるが、これに対して、「最高ラビといえども律法を恣意《しい》的に解釈することは許されない、撤回しろ」というデモが起っている。こういうことが、現在でもある。

もっともイスラエルでは言論は自由であり、ユダヤ人はなかなかの皮肉屋だから、この種の律法主義への痛烈な批判や皮肉もある。ラビ・ゴレンを囲んで律法について聞く会というのがあったとき、肉の後でアイスクリームを食べてはいけないのは「乳と肉とを分けることを律法が命じているからか」という質問があった。ラビ・ゴレンが「そうだ」と答えると、その質問者は「では、ビキニ・スタイルはもっとも律法にかなったものですね、何しろ肉と乳を分けていますから」といったという。

これは現地で聞くと実に痛烈な皮肉で、あちらでは女性がスラックスでは入れないような、服装規定がやかましい場所もある。それは次にのべる申命記の「異装禁止」によるわけだが、これからみればビキニなどもってのほかで、それを逆に「律法にかなっている」といったところに、民衆の律法批判がこめられているといえよう。

だが批判をするにしろ遵守するにしろ、彼らはつねに典拠がはっきりしており、この点、「世の中とはそういうものだ」式の、日本的な無典拠の慣習絶対とは基本的に違う。したがって彼らは、自分たちが、外部の人間とどのように規範が違うかも明確に把握しており、日本のように、「世界中どこへ行っても日本と同じだ」といった錯覚を抱くことはない。

宗教は律法だ——中東の考え方

以前に、イスラエルのベギン首相が「女性の宗教的徴兵拒否の権利を認める法案」を議会に提出したが、労働党がこれに徹底的に反対して、ベギン内閣がつぶれそうになったことがあった。

この案を出したのは、与党のリクード党と宗教党で、いわば保守派であり、反対しているのが労働党の進歩派である。これは日本で考えると少々奇妙で、進歩派こそ、この法案を出しそうである。だが彼らが問題にしてるのは、法案の元になっているのが、申命記の異装禁止だという点なのである。

「女は男の着物を着てはならない。また男は女の着物を着てはならない。お前の神ヤハウェは、そのようなことをする者を、忌みきらわれる」と申命記第二十二章五節以下にある。

軍服は歴然たる男装だから、女性は宗教的良心に従って軍服を着ない宗教的権利がある。その権利を認めるのは、ユダヤ教徒である限り当然のことだという論法である。

ところが、労働党にしてみると、そういう宗教法から脱却して市民社会を作るということがシオニストの主張、すなわち現代イスラエル建国の目的だったので、彼らの立場では「宗教的な良心的徴兵拒否」に反対することが進歩的ということになる。現代のイスラエルでは、民法だけに宗教法が残っているが、他はすべて国会が定める国法である。そしてこの国法への宗教法の浸透は絶対に防ごうというのが、彼らの立場であった。

だが、これは、ユダヤ人とは何か、という点で大きな問題であり、ミシュナを中心とした宗教法を守るものをユダヤ人といい、これを守らなければ、パレスチナに生れて住んでいてもユダヤ人ではないとするなら「イスラエル人はユダヤ人ではない」ということになりかねない。

現代のイスラエルと海外のユダヤ人は、前述のヘカル・シェロモを通じてつながっている一面があるので、これもまたひとつの問題であろう。

同時にこれがまた問題なのである。現代のイスラエルの人口の六割は、アラブ系ユダヤ教徒で、人種的にはアラブ人だが、ユダヤ教の宗教法を守っているがゆえにユダヤ人であり、同じアラブ人でもイスラム教の宗教法を守っていればもちろんユダヤ人ではない。ここでは宗教の概念が日本人とは基本的に違うのである。

つまり、宗教とは国籍であり、また法律であり、同時にその人の生活規範なのである。

このことはユダヤ教に限らず、イスラム教でも同じで、コーランから発してシャリア法典となり、さらにそれに付属する厳密な宗教法があり、これを守る者がイスラム教徒なのである。

現在のイスラエル国では、結婚・離婚の場合、イスラム教徒はイスラム教の宗教法廷に行く。そうすると、カディーという判事がいて、これを処理してくれる。

一方、ユダヤ教徒はユダヤ教の宗教法廷に行って、ダヤニムという判事に処理してもらう。宗教によって、民法が違う。これで統一的な近代国家といえるか、という疑問が湧いてくる。

だが中東ではどこの国でも同じで、その特徴がここにあるといっていい。それぞれの宗教法によって規制されている社会。中東の社会が非常に固定化し、同時にさまざまな問題を含むのはこのためである。

シオニストはここに現代的な社会を建設し、脱宗教法体制をめざしたから、「西欧の手先」として徹底的に排撃されている。そして中東全体が逆に保守化・宗教法化していることは否定できない。

宗教は法律であるという考え方は、聖書の律法から出ている。旧約の律法そのものが「法律である宗教」である。

ではキリスト教社会だけがなぜこのなかにあって、近代的市民社会へと進んだのであろうか。その謎はまさに、「新約聖書」と「パウロ」にあるであろう。だが、それが出てくる宗教的伝統もまた、旧約の中にある。旧約はこの点、決して一面的ではなく、どの伝統を強く継承しているかによって違ってくるのである。

聖書における預言の重み

預言者とはどんな人か

律法ばかりが旧約聖書ではない。聖書にはもうひとつ、預言という大きな流れがある。そしてこの「預言」という言葉が「ノストラダムスの大予言」などのような「予言」ではないことはすでにのべた。

律法主義では、神との契約すなわち「法」を通じてしか人間は神と関係をもたない。神を信ずる信仰《フェイス》とは「神への忠誠《フェイス》」であり、それは「神との契約の絶対遵守だ」ということになる。ところが旧約には「契約」なしで登場して来る不思議な一群の人がいる。それが預言者であり、預言者は神との契約で登場するのではない。

キリスト教徒は旧約聖書のなかで、むしろ、この預言の伝統を重視し、かつ継承する。一方、ユダヤ教はその中心を律法の伝統におき、イスラム教もそういえる。ユダヤ教、イスラム教に対するキリスト教の独自性は、ここにあるといえよう。

預言者《ナービー》は歴史的には複雑な存在であって、律法との関係で、ある時期に急にあらわれたものではなく、おそらくは律法より古い時代から存在した。

それもイスラエルだけでなく、東方一帯にあったもので、はじめは「神託を告げる者」といった意味で、多くの宗教にあるエクスタシー状態になってお告げをするような人であったろう。古代の東方では主権者の周囲にも必ずこのような人がいた。これが先見者《ローエー》であり、サムエル記上（九章九節）の次の記述は、歴史的に重要なものといわれる。

「昔イスラエルでは、神に問うために行くときには、こういった、『さあ、われわれは先見者《ローエー》のところへ行こう』。今の預言者《ナービー》は、昔は先見者《ローエー》といわれたのである」

また預言者《ナービー》が代言人の意味に使われている場合もある。

では、いったい聖書における預言者《ナービー》とはどのような存在であろうか。それが見者《ホーゼー》、先見者《ローエー》から発展したということは、その歴史的根拠は明らかにしても、その独特の性格は明らかにならない。もちろん系統も大切で、後の預言者に、先見者的、代言人的性格も含まれていたことは事実だが、それは「イスラエルの預言者の特質」を示すことにはならないからである。

ではその特質は何なのか。

こういう場合、後代が預言者の代名詞のように使う一人の人物をあげるのがもっともよい方法であろう。それはエリヤである。エリヤは、中間時代にもイエスの時代にも、またその後にも預言者の典型とされてきた。

では、彼は何をしたのか。エリヤも厚い伝説の雲でつつまれているが、ここでは、すべての聖書学者がこれは歴史的事実だとする一事跡の後を追ってみよう。それは列王紀上第二十一章である。

「さてエズレルびとナボテはエズレルにぶどう畑をもっていたが、サマリヤの王アハブの宮殿の側《かたわ》らにあった」すなわちこれは、イスラエルがすでに分裂した南北朝時代の北イスラエル国の話なのである（アハブについては年表八九ページ参照）。

そこで「アハブはナボテにいった、『お前のぶどう畑は私の家の近くにあるので、私に譲って、青物畑にさせてほしい。そのかわり、私はお前に、それよりも良いぶどう畑をやろう。もし望むなら、その代価を金で払ってもいい』」と。このアハブ王の提案は、現代の基準から見ても、王として、きわめて良心的かつ常識的だということができる。

ところが「ナボテはアハブにいった、『私は、先祖の嗣業《しぎよう》をあなたに譲ることは絶対にしません』」と。彼は律法を守って先祖から継承したものを、損益にかかわらず売ろうとしない。

するとアハブは、エズレルびとナボテがいった言葉を聞いて、悲しみ、かつ怒って家にはいった……アハブは床に伏し、顔をそむけて食事をしなかった」。

前述のようにイスラエルは絶対王制ではない。王といえども律法すなわち神との契約に違反することはできず、これに違反すれば王ではない。しかし彼の妻イゼベルはシドンの王女すなわちフェニキア人でこのことを知らない。フェニキアは「現人神《あらひとがみ》」の国であった。そこでアハブの態度に驚き、事情をきいてさらに驚いていった。

「あなたがいまイスラエルを治めているのですか。起きて食事をし、元気を出してください。私がエズレルびとナボテのぶどう畑をあなたにあげます」

イゼベルは悪女の代表のようにいわれるが、これはむしろ文化ショックであろう。彼女にとっては、臣下ともあろうものが、王のまことに良心的な提案を一蹴するなどということは反逆か、王権への侮辱と感じて不思議ではない。まさに彼女にとっては、それでも「あなたがいま、イスラエルを治めているのですか」であっただろう。

イゼベルは謀略をつかってナボテを殺してしまい、それを聞いたアハブは所有主のないぶどう畑を取りあげようとエズレルへ下る。そこへエリヤが出現する。

「そのときヤハウェの言葉がテシベびとエリヤに臨んで、『立って、下って行き、サマリヤにいるイスラエルの王アハブに会え。彼はナボテのぶどう畑を取ろうと、そこへ下っている。お前は彼にいわねばならない〈ヤハウェはこういわれる、お前は殺したのか、取ったのか〉と。また彼にいえ〈ヤハウェはいわれる。犬がナボテの血をなめた場所で、犬がお前の血をなめる〉と』」。エリヤはヤハウェに命じられたとおりにアハブを糾弾する。すると「アハブはこれらの言葉を聞いたとき、衣を裂き、荒布を身にまとい、食を断ち、荒布に伏し、打ちしおれて歩いた」。

ここで大変におもしろいのはアハブ王の態度である。彼は、時には契約絶対のイスラエルの王のように振舞い、時にはイゼベルにいわれて絶対君主のように振舞い、エリヤに律法違反を追及され糾弾されるとまたもとへもどってしまう。

そしてこの点でエリヤをみれば、それは神の命を受けて、王が果して神との契約すなわち律法を守っているか否かをつねに監視している「監査役」のような位置にいる。確かにイスラエルでは王制はナタン契約という前提だけでなく、民の希望による一種の必要悪のようにみられていた。

申命記（十七章十四節以下）には「もしお前が『私も周囲のすべての国びとのように、私の上に王を立てよう』というなら、必ず、お前の神ヤハウェが選んだ者を、お前の上に立てねばならない。同胞のひとりを上に立てて王としなければならない。同胞でない外国人をお前の上に立ててはならない」であって、民が「王を立てよう」といわない限り王はないのである。

さらに「彼が国の王位につくようになったら……この律法の写しを一つの書物に書きしるさせ、世に生きながらえる日の間、常にそれを自分のもとに置いて読み、こうしてその神ヤハウェを恐れることを学び、この律法のすべての言葉と、これらの定めとを守って行わなければならない」であって、こうなると一種の「律法的憲政」というかたちになってくる。

そこで預言者は、その「憲法違反」を追及しかつ糾弾するという姿勢になってくる。この意味では預言者は「護憲運動」ならぬ「護律法運動」の指導者のような位置におり、さまざまなタイプの預言者がいるとはいえ、この基本には変化はない。

名君も宗教的評価は違っている

しかしこれは、現代にも通ずるきわめてむずかしい問題を提起する。というのは預言者はつねに王を糾弾する姿勢をとるが、純政治的に評価すると、預言者に糾弾される王は必ずしも無能ではなく、政治的にはむしろ名君といえるものが多いからである。

オムリ、そして前述のアハブ、これにつづくアハジヤ、ヨラムはオムリ王朝という一つの王朝であって、それは北イスラエルのもっとも安定しかつ繁栄した時代である。アッシリアの文書には、イスラエルという名前はなく、「オムリの家」という呼び方で出てくるくらい有力な一国を形成し得た時代なのである。

オムリという王は、非常に人望もあり、統治能力もあり、同時に先見の明を持ち、サマリヤの丘を買って、この上に首都を建設している。

それまでは、北イスラエルの王はオフラやシケムにいたが、オムリが首都を新設のサマリヤに移したのは、そこが戦略上の要点だったからである。今日見てみても、なるほどうまい場所に都を建てたものだと感心させられる。ちょっと甲府盆地のような地形で、そのまん中の小高くなったところに城壁をめぐらした首都がある。これが後に、何回もアッシリアの包囲に耐え得た理由であり、彼の、いまに必ずアッシリアが攻めてくるという先見のもとに築いた都だった。

しかし、こういうことを預言者は評価しない。むしろ、オムリ王がフェニキアと結び、息子アハブをツロの王女イゼベルと結婚させ、その結果、外国の宗教、偶像礼拝と異教の風習が入り、ヤハウェとの契約が無視される状態を招来したことを預言者エリヤは糾弾した。

唯一神に対するイスラエルの宗教を純粋かつ忠実に生きるかどうか——この点でしか、預言者は王を評価しなかった。

この伝統は今も欧米に非常に強い。後代はニクソンをベトナム戦争を終結させた政治力ある有能な政治家と評価し、彼を辞任に追いこんだことが、アメリカ衰退の最大の原因とみるかもしれない。これはオムリ王朝への評価としてもいえる。日本にはこの伝統がないが、その理由は、「律法絶対」の系統にある「法」絶対がないからであろう。

繁栄と社会的正義のズレ

オムリ王朝はヨラムの治世をもって終わる（年表八九ページ参照）。そのおよそ五十年後、北イスラエル王国はヤラベアム二世のもとで平和を回復し、繁栄を楽しむようになる。

ヤラベアム二世の約四十年にわたる治世は、預言者でいえば、アモス、ホセアの時代である。そして、このアモスが、北王国に空前の繁栄をもたらした、ちょうど戦後の日本のような時代のヤラベアム二世とその社会を、徹底的に糾弾している。ホセアもまた別の立場から、徹底的な批判を展開している。これは前に一部を紹介した。

ヤラベアム二世の象牙の宮殿は有名で、現在も、象牙の破片が発掘されている。それほどの富と繁栄を国にもたらした彼が、預言者アモスにもっとも手ひどく糾弾されている。

また、これより半世紀ほど後になるが、南のユダ王国で活躍した預言者イザヤを殺したとされるマナセという王も、政治的・経済的にみれば安定期を作り、統治期間も約四十五年におよぶ〝名君〟であったといえる。

この時期、ユダ王国が経済的に栄えたのは、ちょうど日本の戦後と同じように、アッシリアという大国の従属国となり、逆にアッシリアの全版図・全占領地を自分たちの市場にしていたからではないか、といわれている。銅や香料などの中間貿易などで栄えたと思われる。ところが、聖書は「主はそのしもべである預言者たちによっていわれた、『ユダの王マナセがこれらの憎むべきことを行い……』」（列王紀下二十一章十節）と記され、アモスと同じように糾弾している。

　なぜであろうか。王たちのほうは、もっぱら自国の発展と繁栄に目がいくわけだが、預言者たちはむしろ社会的正義に目を向ける。つまり、どんなに国が栄えても、アモスが糾弾したような状態、前に引用したアモスの言葉にみられるように、貧富の差がひどくなり、同胞が同胞に圧迫されるような状態は「義」なる状態とはいえないと彼らは考える。

　預言者たちの運動と王制は、イスラエルの歴史でつねに併行状態にあり、その併行状態は北のエリヤではじまり南のエレミヤで終ったとみていい。これが「王と預言者の時代」である。もちろん預言運動はその後もつづき、捕囚時代にエゼキエルと第二イザヤがいるが、「王制の監査役」のような預言者の使命は終ったとみてよいであろう。

　そして以上のような「王と預言者と民」との関係を、申命記と列王紀に基づいて記すと、そこには一種の「革命の思想」ともいえるものが出てくる。しかしこれについては後述しよう。

旧約のなかのユニークな思想家ホセア

エリヤの預言運動は、言論活動だけに止まっていた。しかし、これがその弟子エリシャとなると、クーデターという実力行動に発展し、オムリ王朝を倒して、エヒウを王位につけるというかたちになる。つまり、思想が逆に政権を左右するというかたちになってくる。

これはある意味ではたんに政権争奪でなく、ある思想を絶対化し、その思想を実施するものに政権を付与しようとする点では、革命的要素をもってくる。

だがこれは政治的には失敗で、その後の北王国はヤラベアム二世のときにバランスを回復するものの、結局、クーデターの連続で、滅亡への道をたどっていく。

その最後の段階に現われた預言者が、ホセアである。ホセアは古代思想家の中でもっとも不思議な存在で、旧約聖書中、実にユニークな思想を展開した人であろう。人によっては、彼の思想がいちばんイエスに近く、その原型だという。

彼は神とイスラエルとの関係を、結婚にたとえている。そして夫である神が、逃げた姦淫の妻であるイスラエルを追いかけて買いもどす格好になる。

その冒頭は次のような奇妙な言葉ではじまる。

「ヤハウェが最初ホセアによって語られたとき、ヤハウェはホセアにいった。『行って、淫行の妻と、淫行によって生れた子らを受けいれよ。この国はヤハウェにそむいて、はなはだしい淫行をしているからである』と。

ホセアはこのとおりにする。これをホセアがたんにフィクションとして語っているのか、それとも本当にこのとおりに実行したのか学者の意見は分れるが、当時、象徴的行為がそれを社会に実現させるという発想があったから、実行したと考えても別に不思議ではない。そして、象徴的行為が現実化するという発想は今でもある。だが彼女はもとのままである。

彼女はいった、

「私はわが恋人たちについて行こう。
彼らはパンと水と羊の毛と麻と油と飲み物とを、
私に与える者である」と。

そこでまたヤハウェはホセアにいう。

「『お前は再び行って、イスラエルの人びとが他の神々に転じて、干しぶどうの菓子を愛するにもかかわらず、ヤハウェがこれを愛せられるように、姦夫に愛せられる女、姦淫を行う女を愛せよ』と。そこで私は銀十五シケルと大麦一ホメル半とをもって（遊女となった）彼女を買いとった」

これについで、まるで姦婦が夫を裏切るようにつねにヤハウェを裏切りつづけたイスラエルへの糾弾があり、そのなかに、まことに不思議ともいえる次の言葉がある。

ヤコブは胎にいたとき、その兄弟のかかとを捕え、
成人したとき神と争った。
彼は天の使と争って勝ち、
泣いてこれにあわれみを求めた。

人と神が争うと人が勝つという、通常の常識からすれば神を絶対とする聖書にあるまじき言葉だが、これは後にふれるとして、この長い詩は、

私は彼らのそむきをいやし、
喜んでこれを愛する。
私の怒りは彼らを離れ去ったからである。

ではじまる神の愛の赦《ゆる》しで終っている。
裏切っても裏切っても姦淫の妻を愛する夫というかたちで絶対的な神の愛がここに表現されている。

だがホセア書はまったく不思議な本で、前に引用したように人と神とが争い、人が勝つという奇妙ともいえる言葉が、この書に出てくる。

創世記に、アブラハムの孫ヤコブが神と争い、それが「イスラエル」と呼ばれるもとであるという記述がある（三十二章二十四節以下）。ホセアはこれを引用しており、ヤコブは神と争って勝つわけだが、なぜ、人が神と争い、そして勝つのか。この問題をも扱っているのがホセア書である。

神と争い、人が勝つというのは、ホセアにとって観念的な言葉ではなく、実感であった。人間が神と争うと、必ず人間が勝つ。しかし、勝つのだけれども、逆に人間のほうが、憐れみを求めることになる。ヤコブの場合もそうだった。

このような考え方は、そのまま新約聖書の思想につながっている。つまり、神の子イエスが十字架につけられたというのは、人と神が争って、人が勝ったことになる。しかし、人はイエスを十字架につけた後で、ひるがえって神に憐れみを求める。この思想の起源はホセア書にあるといっていい。またこれは、西欧の文学の主題の一つとなっており、ドストエフスキーの『罪と罰』もその一つであろう。

旧約聖書は、神を全能という概念で捉えている。全能というと、われわれは無限に強力な存在、絶対に負けない強大な権力者のような存在を想像しがちである。そのため全能の神が人間に負けるという発想には、非常になじみにくい。

聖書学者塚本虎二氏は、日本人のこのような全能という意識を笑って、「神が全能ならこうしてくれるはずだ」といった発想を「人間が全能という召使いを持っているような意識」だといっている。「全能なる神」とは「アラジンの不思議なランプをもった人」の意味ではない。それが理解できないと神は全能なのにこうしてくれなかったといった不平にもなる。

神は全能のくせにちっともこういうことをしてくれない、と人間が不平をいうことは、神を自分のために何でもしてくれる全能の召使いとみているということである。

こういう見方を不可能にしているのが、ホセアである。全能者とは「敗れることができない」ものでなく――それでは全能ではない――人が神と争って勝ったとき、同時に人は負けているような対象だということであろう。

収容所のユダヤ人は、神を恐れぬヒトラーがぐんぐん勝利の歩をすすめていくのをみていた。だが彼らは、人は神と戦って勝っても、最終的には憐れみを求めるものであることを知っていた。

エレミヤにはじまる個の意識

旧約預言者の最高峰といえばエレミヤと第二イザヤであろうが、エレミヤの大きな特徴となっているのは、「個」という意識が明確に出て、「神」対「われ」という考え方が明確なことであろう。

エレミヤはたいへん現代的な人で、それまでの預言者は、自分のいっていることは、神が自分の口を通じて語っているのだという意識はあっても、自分という意識はなかった。

しかしエレミヤには、「神は神、自分は自分」といった意識があり、そこで「神にだまされた」といった言葉さえでてくる。これは日本人の「信心」といった考え方からすれば驚くべき言葉で、こういう言葉を口にした者を、信仰の人とも宗教的人間ともいわないであろう。次に引用しよう。

ヤハウェよ、あなたが私を欺かれたので、
私はその欺きに従いました。
あなたは私より強いので、
私は説き伏せられたのです。
私は一日中、もの笑いとなり、
人はみな私をあざけります。
それは、私が語り、呼ばわるごとに、
「暴虐、滅亡」と叫ぶからです。

ヤハウェの言葉が一日中、
わが身のはずかしめと、嘲《あざけり》になるからです。
もし私が、「ヤハウェのことは　二度といわない、
このうえその名によって語る事はしない」といえば、
ヤハウェの言葉が私の心にあって、燃える火の
わが骨のうちに閉じこめられているようで、
それを押さえるのに疲れはてて、
耐えることができません。

このようにエレミヤははっきり自己という意識を持ち、神は自分を通じて語るけれども、自分にはそれは耐えられず、しかし黙っているのも耐えられないという面があった。これは彼以前の預言者にはみられない。

そこには、個という意識が実にはっきりと出てくる。前にも記したが、中国の罪九族に及ぶとか、日本の親の因果が子に報いとか、先祖の罪の罰という発想は、どの民族にもあり、旧約にも非常に古い時代に「罪四代に及ぶ」という言葉があり、古代人らしいこの発想がまったくなかったとはいえない。しかしエレミヤはこれを断固として否定する。

それは前にも引用した有名な言葉「『父がすっぱいぶどうを食べたので、子供の歯が浮く』とはいわない」(三十一章二十九節)のである。

親子の行為は関係ない。父の行為は父の行為で、子の行為は子の行為、両者にはいっさい関係がない。人はおのおの神の前に立ち、自分の罪で死ぬのであって、親の罪で子が死ぬというようなことも、子の罪で親が死ぬというようなこともない。

エレミヤの後のエゼキエルになると、いっそうはっきりとそれが出てくることは前に記した。この二人あたりが、人間における個の思想、「個人」対「神」の発想のはじまりと考えられている。

日本人の場合、こういう発想はきわめて弱く、つい罪九族に及ぶになってしまう。子供が大きな犯罪を犯すと、親が自殺したり、「親の顔が見たい」となったり、会社が何か事件を起すと、社員ばかりか、その家族、子供までが、近所や学校で白い眼で見られる。まさに、罪九族に及ぶ以上のような状態で、そこには中国人のようにはっきり九族に限るという考え方もない。

こういう発想を絶対にしてはならないといったのは、おそらくエレミヤが人類で最初だろう。人類における個の意識はここからはじまり、それは一種の宗教性をもつから、キリスト教世界では前にのべた日本のような状態には絶対にならない。

人はおのおの個人として神の前にいる。この点が、エレミヤ以前の預言者ではあまりはっきりせず、神とイスラエルという発想が重点になっている。

たくましいユダヤ人の考え方

「個」という意識は旧約にはない、新約ではじめて出てくるという説もある。しかし、これは間違いで、旧約にも「個」ははっきりと出ている。

それが出てきた背景には、南ユダ王国の滅亡ということもあろう。つまり、自国は滅亡し、人びとはバビロンに捕囚となっていく。エレミヤはこの激動期に生きたが、こういうときに出てくるのは、「自分は何も悪いことをしていない、これは先祖の罪の報いだ」という意識だが、いや、そうではない、おまえたちひとりひとりの罪だという言い方を、預言者エレミヤもエゼキエルもしている。

国家、その他の権威、頼りにしていたものが、いっさい失われようとしている。神殿も焼き払われる。こうして、何もかもなくなったときに、残るのは神と自己という意識だけであろう。

バビロンへ捕囚民を送るエレミヤの言葉も、非常におもしろい。その地へ行ったら、家を建て、畑も作り、そこに住みつけ、どこにいても動じるな、といっている。

たとえば、日本が滅亡して、どこかよその土地に移されるというようなことになっても、またその結果どの地にあっても動じるな、そこで畑を作り、家を建て、ゆうゆうと楽しんで暮せということは、なかなかいえないであろう。エレミヤは、それを堂々といった。

ここでも、やはり、すべては消え去っても個は残る、個と神の関係は残るという意識が、強烈にエレミヤにあり、同時にこれは罪への神の罰だから、償えば必ず赦されるという信仰があった。そして歴史的未来は自己の言葉の正しさを証明するという信念が彼にあり、エレミヤの最後の演説は、これを内容にしている（四十四章）。

彼は当時のユダ王国内の過激派から、一種、売国奴のように見られていた。あるいは、親バビロニア派として迫害を受けた。彼は過激派がエジプトへ逃げるときに連れて行かれ、おそらくその地で殺されたものと思われる。

エレミヤからエゼキエルにいたる紀元前七世紀から六世紀へかけての激動期は、王と預言者の最後の時代であり、新約の思想に大きな影響を与えたのは、この時代である。

これに対して、旧約のモーセの五書が正典化し、ユダヤ教の成立に最大の影響を及ぼしたのは、前にも触れたように、捕囚期ともっと後年のエズラ以後のことになる。

捕囚時代の預言者

捕囚の地の預言者にはエゼキエルと第二イザヤがいる。エゼキエルは別に触れるとして、ここで、旧約最大の思想家といわれる第二イザヤに触れる。最初にこの「第二イザヤ」という奇妙な名について記そう。

前にも記したように、聖書の書名は決して著者名ではない。サムエル記もそうだし、エレミヤ書にしても弟子のバルクが書いたと記されているようにエレミヤ作とは必ずしもいえず、イザヤ書も、その全編をイザヤという預言者が書いたということではない。イザヤはヒゼキヤ王の時代の人だが、イザヤ書の四十章以下は、無名の預言者――それも一人ではない――の著作であり、しかも時代もはるかに後のバビロン捕囚の終るころ、一部はおそらくさらにその後なのである。そこで学者はこの無名の預言者を第二イザヤ、第三イザヤと呼ぶ。

この第二イザヤの、それまでの預言者との大きな違いは、糾弾・告発でなく、むしろ慰めと、希望を唱っていることである。いま唱っていると記したが、預言はほとんど詩であり、とくに第二イザヤは全編美しい詩である。

慰めよ、わが民を慰めよ、
ねんごろにエルサレムに語り、これに呼ばわれ、
その服役の期は終り、
そのとがはすでに赦され、
そのもろもろの罪のために二倍の刑罰を

主の手からうけた。

ここに前述の「神の罰」という考え方と「赦し」が現われているが、キリスト教にもっとも大きな影響を与えたのは「苦難のしもべ」といわれる第五十三章の長詩である。

だれがわれらの聞いたことを
信じ得たか。
ヤハウエの腕は、だれにあらわれたか。
彼はヤハウエの前に若木のように、
乾いた土から出る根のように育った。
彼にはわれらの見るべき姿なく、威厳なく、
われらの慕うべき美しさもない。
彼は侮《あなど》られて人に捨てられ、
悲しみの人で、病を知っていた。
また顔をおおって忌み嫌われる者のように、
彼は侮られた。われらも彼を尊ばなかった。
まことに彼はわれらの病を負い、

われらの悲しみをになった。
しかるに、われらは思った、
彼は打たれ、神にたたかれ、苦しめられたのだと。
しかし彼はわれらのとがのために傷つけられ、
われらの不義のために砕かれたのだ。
彼はみずから懲らしめをうけて、
われらに平安を与え、
その打たれた傷によって、
われらはいやされたのだ。
われらはみな羊のように迷って、
おのおの自分の道に向って行った。
ヤハウェはわれらすべての者の不義を、
彼の上におかれた。
彼はしいたげられ、苦しめられたけれども、
口を開かなかった。
屠所にひかれて行く小羊のように、
また毛を切る者の前に黙《もだ》す羊のように、

口を開かなかった。
彼は暴虐な裁きによって取り去られた。
その代《よ》の人のうち、だれが思ったであろうか、
彼はわが民のとがのために打たれて、
生けるものの地から断たれたのだと。
彼は暴虐を行わず、
その口にいつわりがなかったけれども、
その墓は悪しき者と共に設けられ、
その塚は悪をなす者と共にあった。
しかも彼を砕くことはヤハウェの御旨《みむね》、
ヤハウェが彼を悩まされた。
彼が自分を、とがの供え物とするとき、
その子孫を見ることができ、
その命を長くすることができる。
かつヤハウェの御旨《みむね》が彼の手によって栄える。
彼は自分の魂の苦しみにより光を見て満足する。
義なるわがしもべはその知識によって、

多くの人を義とし、また彼らの不義を負う。
それゆえ、私は彼に大いなる者と共に
物を分かち取らせる。
彼は強い者と共に獲物を分かち取る。
これは彼が死にいたるまで、自分の魂をそそぎだし、
とがある者と共に数えられたから。
しかも彼は多くの人の罪を負い、
とがある者のためとりなしをした。

この謎の詩は、だれのことを唱ったのか明らかでない。だが内容をみれば、それがだれか明らかでないにせよ、他人の病いを負い、他人の悲しみをにない、他人のとがのため神に打たれ、苦しめられ、傷つけられ、他人の不義のために砕かれ、懲らしめをうけ、暴虐な裁判で殺されて、人びとの罪を負うことによって、人びとに平安を与えた人のことを唱っていることはまちがいない。

重要なことは初代キリスト教徒はこれをイエス・キリストのことを預言した詩と思い、イエスのなかに旧約の「苦難のしもべ」をみていたということである。

後述するように、そう解釈できる言葉はマルコによる福音書にもあるが、明確なのは

使徒行伝に記されている次の記述であろう。すなわちこの詩の意味がわからなかったエチオピア人が「おたずねしますが、ここで預言者はだれのことをいっているのですか。自分のことですか、それとも、だれかほかの人のことですか」ときくと、「そこでピリポは……この聖句から説き起こしてイエスのことを宣べ伝えた」と。

いまでも、これを「イエス・キリスト出現の預言」とする人もいる。しかしいずれにせよ、この詩が「イエス・キリストのイメージ」になったことは否定できず、それを通じてキリスト教に決定的な影響を与えたのは事実である。

革命思想の原点

エジプト脱出の夜の出来事

列王紀下の第二十二章に目を通していただきたい。

「わたしは主の宮で律法の書を見つけました」（八節）と大祭司ヒルキヤがいっている。前にも記したように主の宮とはエルサレムの神殿、そして律法の書とは申命記の大筋のこと、つまり、原申命記ともいうべき書が発見されたという記述である。

これはヨシヤ王のときのことで、神殿の修復工事中に発見されたという。これがはたして歴史的事実かどうか、いろいろと学者が論じているが、事実とすれば、ヨシヤ王は紀元前六〇九年に死んでいるから、その前のことになり、列王紀下第二十二章は「ヨシヤ王の第十八年」と記しているから、紀元前六二一年のことである。

ところで、第二十三章を見ると「あなたがたはこの契約の書に記されているように、あなたがたの神ヤハウェに過越《すぎこし》の祭りを執《と》り行いなさい」（二十一節）とある。

過越の祭りというのは、伝承としては非常に古くからあったが、中断されていたらしく、ヒゼキヤ王のとき復活し、ヨシヤ王のとき根づいたといえるであろう。イスラエルの民すべてによってこれが行われるようになったのは、このときからであり、それが今でもつづいている。

このことと、申命記の発見は無関係ではない。つまり、申命記に記されているのは、神が自分たちの先祖に示された契約である。いままでイスラエルが万事うまくいかなかったのは、この契約どおりにやらなかったからだ、という発想がある。過越の祭りを行うことも、その契約履行の中に入っている。

ここで過越の祭りについて、簡単に説明しておくと、その起源は、エジプトの圧制からイスラエルの民がモーセにひきいられて脱出する「出エジプト」にある。

出エジプト記の第十二章に、脱出の夜、イスラエルの民がはじめて行なった過越の行事が記されている。神が彼らに命じたのは、家ごとに一頭の小羊をほふり、その血を家の柱とかもいに塗ること、その肉と種入れぬパンと苦菜《にがな》を食べること、それも腰を引きからげ、靴をはき、手につえを持って、急いで食べることだった。

その夜、神はエジプトじゅうにこらしめのむちをふるい、柱とかもいに小羊の血の塗ってない家、すなわち、イスラエルの民でない家の長子をみんな死なせた。小羊の血の塗っている家だけは、そのわざわいが過ぎ越したのだ。

長子の死という災害について、子供のペストという解釈もされている。あるいは、イスラエル人たちが蜂起し、互いにあらかじめ決めておいた目印（小羊の血）のない家に押し入って行なった惨殺だ、と推測する人もいる。

しかし前述のように、これは祭儀文書で歴史書ではないという学者もおり、また今のベドウィンの慣習から、冬が終って放牧に旅立つときの、厄よけの慣行が祭儀化したという人もいる。

いずれにしても、こうしてイスラエルの民のエジプト脱出は実現した。神はその記念として、この過越の行事を、代々継承して守るべきものとした（出エジプト記十二章十四節）。

この祭りの忠実な励行を国民的行事として行うべきことを、それから六百五十年も後になって、ユダ王国国民に告げたのが、神殿で発見された申命記である。

革命という言葉の意味

もういちど列王紀下の第二十二章を開いてみよう。十三節に次のようなヨシヤ王の言葉がある。

「われわれの先祖たちがこの書物の言葉に聞き従わず、すべてわれわれについて記されているることを行わなかったために、主はわれわれに向って、大いなる怒りを発しておられる」

そこで、この書物、申命記に書かれているとおりに実行しようとしたのが、いわゆる申命記改革とか申命記革命とか呼ばれるものである。

ではここで、改革とか革命とかは元来、どのような意味なのか考えてみよう。「革命」とは元来、中国の言葉だが、これは王朝の交替を意味しても、体制の基本的な変革を意味する言葉ではない。これを「革命なき革命」といった人がいるが、確かに中国の場合は「浄化作用」はあっても、革命後に出来た新王朝は基本的には革命前と同じ体制である。

したがってある原理たとえばマルクス主義を絶対化し、それに基づいて体制を基本的に変えてしまうことを革命と呼ぶなら、中国の歴代の革命は「革命なき革命」である。また他の国でも、失政や腐敗で政権が倒れて別の政権が成立しても、「浄化」しただけで体制の基本が変らないなら、これも「革命なき革命」であろう。

そして人類の歴史を地球的視野で見てみると、いずれの社会が行なっているのも「革命なき革命」で、自己の伝統的体制を、何かの原則に基づいて根本的に変えてしまおうなどという試みがほとんどないことに気づく。その意味ではヨシヤ王の申命記改革は非常におもしろい例である。

というのはヨシヤ王自身すでに権力者であり、しかも名君で人望があり、国際情報もアッシリア勢力の衰退で非常に有利に展開していた。したがってこれは権力者による体制の大変革で、似た例をあげれば毛沢東の文化大革命かもしれない。というのは、「文化大革命」という言葉は、今までの「革命なき革命」でなく、毛沢東主義に基づいて体制を基本から変えようとする、権力者毛沢東による革命だからである。

列王紀下第二十三章には次のように記されている。

「そこで王は人をつかわしてユダとエルサレムの長老たちをことごとく集めた。そして王はユダのもろもろの人びとと、エルサレムのすべての住民および祭司、預言者ならびに大小すべての民を従えてヤハウェの宮にのぼり、ヤハウェの宮で見つかった契約の書（申命記）の言葉をことごとく彼らに読み聞かせた。ついで王は柱のかたわらに立って、ヤハウェの前に契約を立て、ヤハウェに従って歩み、心をつくし精神をつくして、ヤハウェの戒めと、あかしと、定めとを守り、この書物に記されているこの契約の言葉を行うことを誓った。民はみなその契約に加わった」と。

これは体制の外にいる神に絶対性をおき、王も民もその絶対者との新しい契約に基づいて、体制を一気に変革しようという試みである。そしてその基本となったのが申命記である。もっとも現代の申命記には後代の付加があり、ヨシヤ王のときはもっと短かったであろうといわれているが基本は変らないであろう。

それは前にのべたメンデンホールの「オリエント宗主権条約」のかたちになっており、神の自己紹介、過去の歴史と与えた恩恵、ついで基本たるべきモーセの十戒となり、さらにその精神を実行に移すための個々の法律というかたちになっている。

現代に生きる申命記の教え

申命記はさまざまな点でキリスト教、イスラム教に影響を与え、現代のイスラム法にもこれと似た条項がたくさんある。しかし何といってもその大きな特徴は、貧者救済のための社会福祉的な条項である。それも数が多いが、この中のほんの数例をあげておこう。

・兄弟に利息を取って貸してはならない。

・あなたが隣人のぶどう畑にはいるとき、そのぶどうを心にまかせて飽きるほど食べてよい。しかし、あなたの器の中に取り入れてはならない。あなたが隣人の麦畑にはいるとき、手でその穂を摘んで食べてよい。しかし、あなたの隣人の麦畑にかまを入れてはならない。

・あなたが隣人に物を貸すときは、自分でその家に入って質物を取ってはならない。あなたは外に立っていて、借りた人が質物を外にいるあなたのところへ持ち出さなければならない。もしその人が貧しい人であるときは、あなたは質物を留めおいて寝てはならない。その質物を日の入るまでに、必ず返さなければならない。そうすれば彼は上着をかけて寝ることができて、あなたを祝福するであろう。
・寡婦の着物を質にとってはならない。
・ひきうす、またはその上石を質にとってはならない。これは命をつなぐものを質にとることだからである。
・貧しく乏しい雇人は、同胞であれ、またあなたの国で、町のうちに寄留している他国人であれ、それを虐待してはならない。賃金はその日のうちに払い、それを日の入るまでのばしてはならない。
・あなたが畑で穀物を刈るとき、もしその一束を畑におき忘れたならば、それを取りに引き返してはならない。それは寄留の他国人と孤児と寡婦に取らせなければならない。
・あなたがオリブの実をうち落とすとき、ふたたびその枝を捜してはならない。それは寄留の他国人と孤児と寡婦に取らせなければならない。またぶどう畑のぶどうを摘み取るとき、その残ったものを、再び捜してはならない。それは寄留の他国人と孤児と寡婦に取らせなければならない。
こういった数多い貧者救済法のほかに、次のようなおもしろい法律もある。
・人が新しい妻をめとったとき、戦争に出してはならない。また何の務めもこれに負わせてはならない。その人は一年の間、束縛なく家にいて、そのめとった妻を慰めなければばならない。

また誘拐・人身売買には次のようにきびしい条項がある。

・イスラエルの人びとのうち同胞のひとりをかどわかして、これを奴隷のようにあしらい、またこれを売る者を見つけたならば、そのかどわかした者を殺して、あなたがたのうちから悪を除き去らなければならない。

また次のような証言に関する条項もある。

・どんな不正であれ、どんなとがであれ、すべて人の犯す罪は、ただひとりの証人によって定めてはならない。ふたりの証人の証言により、または三人の証人の証言によって、そのことを定めなければならない。

・その証人がもし偽りの証人であって、兄弟にむかって偽りの証言をした者であるならば、あなたがたは彼が兄弟にしようとしたことを彼に行い、こうしてあなたがたのうちから悪を除き去らなければならない。そうすれば他の人たちは聞いて恐れ、その後再びそのような悪をあなたがたのうちに行わないであろう。あわれんではならない。命には命、目には目、歯には歯、手には手、足には足をもって償わせなければならない。

これは有名な同値弁済の規定だが、日本ではこの意味が誤解され、濫用されているようである。

だが何といっても、もっとも貴重な条項は次の規定であろう。

・父は子のゆえに殺さるべきではない。子は父のゆえに殺さるべきではない。おのおの自分の罪のゆえに殺さるべきである。

このほかにもおもしろい規定がたくさんあり、異装禁止や私生児の結婚などについては前にもふれたが、あまり長くなるからこれくらいにしよう。そしてこの申命記は前にも記したように今のイスラエル国でも生きており、したがって今でも空腹になったら他人の果樹園に入って勝手に食べて一向にかまわない。ではこのヨシヤ王の〝文化大革命〟は成功したのであろうか。

「旧約」「新約」と革命

これは判定がなかなかむずかしい。だがこの革命に関係したと思われるエレミヤの記事などからみると、成功であったとは思えない。だが後代に与えた影響は大きく、すべて律法どおりやるということと、エルサレムがその中心地となったため、エルサレム中心の律法に基づく中央集権ができあがったことは事実である。革命はしばしば、中央集権的官僚制を生み出す。その弊害は確かにあった。

そして古代の部族制においてわずかに残っていた自治が、完全に失われた。しかし、一方では奴隷の解放が行われ、多くの合理的な法が施行されたと推測されている。だが、あまり成功しなかったと思われるこの改革が、エレミヤを通じて大きな思想的変革を後代に与えたことは否定できない。それはエレミヤ書第三十一章三十一節以下の有名な次の言葉である。

「ヤハウェはいわれる、見よ、私がイスラエルの家とユダの家とに新しい契約を立てる日が来る。この契約は私が彼らの先祖をその手をとってエジプトの地から導き出した日に立てたようなものではない。私は彼らの夫であったのだが、彼らはその私の契約を破った……。しかし、それらの日の後に私がイスラエルの家に立てる契約はこれである。すなわち私は、私の律法を彼らのうちに置き、その心にしるす……」

これはエレミヤの言葉でなく申命記記者の言葉だともいわれるが、重要なことは、未来に新しい契約すなわち「新約」があるであろうという内容である。この言葉は申命記という新しい契約に基づく改革の失敗から生れた言葉かも知れず、それゆえに未来にあり得る契約を待望したのであろう。

そして申命記改革の与えたもっとも重要な点はここにあると思われる。このような見方で過去をみれば、イスラエルの歴史とは契約更改史であったともいい得るからである。すなわちもっとも古くはアブラハム契約、ついでシナイ契約（モーセ＝出エジプト）、シケム契約（ヨシュア＝カナンへの定着）、ナタン契約（ダビデ＝王制のはじまり）、そして申命記の新しい契約となり、そこで未来にまた新しい契約とそれによる完全な変革を待望しているのである。「旧約」「新約」という考え方、契約の更改によって社会を変えうるという考え方は、中命記とエレミヤ書が生み出したもっとも大きな思想であったと思われる。これがなければ、キリスト教も近代もなかったであろう。

革命の立場から歴史をみる

中命記改革が推し進められていたころ、南ユダ王国をめぐる大国の動きは、大きく変っていた。これ以前、北イスラエル王国を滅亡させたアッシリアも衰退期を迎え、代ってバビロニアが興隆してきた。

アッシリア帝国の首都ニネベは、バビロニアのナボポラサルに攻略され、アッシリアの残存政権はメソポタミアのハランに逃げた。これを助けて、バビロニアに対抗しようとして、エジプトのファラオ・ネコが北進してくる。パレスチナは戦場となった。ヨシヤ王はエジプト軍をメギドで阻止しようとして戦死した。メギドというところは、一つの運命的な戦いの場となったわけで、ここから新約聖書の「ハルマゲドン」(ヨハネの黙示録十六章十六節）という言葉が出ている。

ハルマゲドンとは、メギドの山という意味。メギドは地中海に面した平野から内陸部のエズレルの平野へ抜ける峠の隘路《あいろ》にある町で、ここを突破すると、エズレルの平野から一気に北へ抜けられるという場所で、古来、戦略の要点だった。

このメギドの戦いが、世界の終末的な戦いの意味にとられて、ハルマゲドンの戦いとなったのであろう。

メギドはいまは完全な廃墟だが、早くから発掘が行われており、博物館があり国立公園のようになっている。とにかく、メギドの戦いの結果、申命記改革も挫折して終った。挫折して終ってしまったものの、こういう改革ないし革命の必然性、その歴史的帰結はこうあらねばならぬという立場で歴史を記したのが、サムエル記上・下と列王紀上・下である。そして、これが歴史というものを、現在の自分の位置とその歴史的帰結という視点で捉えた最初のもので、後々までヨーロッパに非常に強い影響を与えた。マルクスなどにもそういう発想があって、こういう歴史的経過をへて現在こうなっているのだから、未来はこうなるはずだというふうに考える。ヘレニズムにはこういう発想はなく、やはりこれは旧約聖書からきたものであろう。政治学者の小室直樹氏もこのことを強く指摘している。

王も国土も失ったユダヤ人

「聖書誕生の秘密」で、トーラー、すなわちモーセの五書の主要資料としてJ・E・D・Pの四つをあげ、そのD資料が申命記であることを述べた。

JやEはDよりももっと古い資料で、申命記にはJ・E資料に基づく出エジプト記のひき写しと思われる部分も大分ある。その点、「第二の律法」と誤訳されたのも無理はなかった。

しかし、JとEが一つのトーラーとして編纂されたのは、申命記より後と考えられている。申命記の編纂をいちおう紀元前六四〇年ごろからとすると、それに刺激されて、もっと古いJ・E資料も入れて、すべてを編纂して一巻にしようという動きがはじまったのではないであろうか。そしてそれが、つづくバビロン捕囚期かそれ以後に完成されたと見るのが普通である。

ところで、ヨシヤ王が紀元前六〇九年に戦死して、改革が挫折し、この後は混乱につぐ混乱で、紀元前五八七／六年にはエルサレムが陥落し、いわゆるバビロン捕囚がはじまる。

国民の主だった者は捕囚としてバビロニアに連れて行かれ、エルサレムは荒れはてた丘と化してしまう。王も国土も神殿も失い、このときにイスラエルの歴史は終りユダヤ人の歴史がはじまることとなった。

この捕囚から解放されたのは、紀元前五三八年。これが第一回の解放で、順次帰国したユダヤ人たちによって、紀元前五一六年にはエルサレムに第二神殿が建てられた。

J・E・Dと、これにさらにP資料を加えたトーラーの編纂は、前述のようにこの捕囚の時代にはじまっている。そして、これが正典として確立したのは、だいたい紀元前四四四年というのが通説である。ただ、これはすべて推定であって、将来、何か新史料が発見されれば変ってくる可能性もある。

第二神殿の建設――建設というより修理といったほうが正確であろう――以後、この神殿を中心に、ユダヤ人たちはペルシア内の小自治国のようなかたちで、新しい体制に入る。

この時期を第二神殿期と呼ぶが、この時期は、政治体制からものの考え方まで、大きな転回をとげた時代である。

エズラの宗教改革

第二神殿期の新しい政治体制のなかで、もういちど「契約」という問題が出てくる。このとき登場するのが、学士エズラである。

エズラはバビロニアから帰国するに当って、モーセの五書をたずさえてきた。どこまでが事実か伝説かわからないが、民衆の前でこのトーラーを読んで聞かせ、この律法のとおり実行することを人びとに約束させた。これが、紀元前四四四年とされている。ユダヤの総督としてペルシアから派遣されたネヘミヤが、エルサレムの城壁を再建したのも同じころ、そしてこのときを期して、新たな律法体制をしくことになったものと思われる。

ところで、その三年前の紀元前四四七年は、アテネにパルテノンの神殿ができた年だ。それと比べると、旧約の歴史がいかに古いかがわかる。アテネの開花期には、旧約の歴史はすでに捕囚からの帰還の時代だった。エズラやネヘミヤは、だいたいソクラテスと同じころの人である。

このときまでに、第二神殿期は百年近くもつづいているのだが、律法体制はうまくいっていなかった。その点をついたのがエズラで、ちょうど文化大革命のように、人びとの力によって、悪くいうと民衆を煽動して、神殿を乗っ取り、祭司から権力を奪って、これを改革するというかたちになっている。

エズラは神殿のほかに、もう一つの宗教的権威を打ち立てた。エズラの大シナゴーグと呼ばれるものがこれで、シナゴーグとは会堂のことである。

こうして、神殿が絶対的権威を持っていた時代は終り、それに代って会堂――シナゴーグが神殿を支えかつ民衆を支配し、あるいは指導する時代がはじまった。

ミシュナの中の「父祖の遺訓《ピルケ・アボート》」に「律法はどのように手渡されたか」が、伝承的に記されている。それによれば、まず、シナイ山（ホレブの山）でモーセに授けられ、ついでモーセから預言者に授けられ、最後にシナゴーグが受け取った、と。

もっとも、シナゴーグというギリシア語では書いてなくて、クネセト・ハ・グドーラというヘブライ語が書いてある。「大いなる集会」といった意味である。

現代のイスラエル国でも、議会のことをクネセトというが、元来は「大集会」で、律法を読み、かつその解釈について討議し、票決する集まりをさしていた。

シナゴーグこそ、律法の本当の継承者であるとして、宗教的権威が神殿からシナゴーグに移った。これがエズラの行なった宗教改革で、これ以後は神殿とそれを支配する祭司の指導権が落ち、シナゴーグとそこの指導者ラビが民衆を支配するようになり、それを基礎に、イエス時代のパリサイ派が出てくるのである。

ユダヤ教の成立とその問題点

ユダヤ教はエズラからはじまった

神殿の宗教から会堂の宗教へ移行させたエズラの宗教改革は、前述のように祭司の権力を実質的に失わさせた。そのへんの事情は、ネヘミヤ記の第八章以下に詳細に記されている。

「そのとき民は、みなひとりのようになって、水の門の前の広場に集まり、ヤハウェがイスラエルに与えられたモーセの律法の書を持ってくるように、学者エズラに求めた」(一節)

次の二節のはじめでは「祭司エズラは……」となっており、学者と祭司とを使い分けているが、厳密にいうとエズラは祭司の家系ではあるが祭司の職を行なっていたわけではない。祭司というのは血統上のもので、祭司になることは、普通のものにはできないが、ラビにはそういう限定はない。したがって彼は「祭司階級の学者」が正確な定義であろう。

彼の本分はむしろ「学者」であって、昔の文語訳は「学士」と訳していたが、いわゆるラビすなわち先生である。エズラはラビの元祖ということができる。

もっとも、ユダヤ教のラビ（教師）にいわせると、アブラハムもラビ、モーセもダビデもみんなラビになるらしいが、それは教義的主張で、ラビニック・ユダイズムのはじまり、すなわち、ラビ的ユダヤ教の遠祖を、このエズラにおいて間違いないだろう。もっとも歴史的には、紀元七〇年の神殿壊滅で祭司がなくなり、ラビだけのユダヤ教になってからをいう、ともいえる。

「祭司エズラは七月一日に律法をたずさえて来て、男女の会衆およびすべて聞いて悟ることのできる人びとの前にあらわれ、水の門の前にある広場で、あけぼのから正午まで、男女および悟ることのできる人びとの前でこれを読んだ。民はみな律法の書に耳を傾けた」（二節、三節）

エズラはトーラーを、まず創世記のはじめから読んだのだろう。当時はもうアラム語の時代に入っていたので、エズラはまず原文のヘブライ語で読み、ついでこれをアラム語に翻訳して民衆に聞かせる。敷衍《ふえん》訳で訳して、説明しながら、一節ずつ進めていく。

このアラム語敷衍訳を集めたのがタルグムで、ギリシア語の七十人訳も、ギリシア語のタルグムだといっていいだろう。ヘブライ語で読み、すぐそれをアラム語に訳したように、アラム語の通じないところではギリシア語に訳して読んだ。これを集めたものが、七十人訳ではないかといわれている。

ただ敷衍訳というのは、ときには危険なもので、どんどん敷衍が多くなっていくと、その敷衍が独立してだんだん別な、律法の施行細則のようなかたちになってしまう。

そうなると、これを敷衍して細則化する人間が、絶対の権威を持ちはじめる。これがパリサイ派の起りであって、ユダヤ教の成立はこのような経過をたどったものと考えられる。

カナンの地で苦しむのはなぜか

ネヘミヤ記の第九章を読んでみよう。その六節以下で、エズラは民衆を前に、神に向ってこういっている。

「あなたは、ただあなただけ主でいらせられます。あなたは天と諸天の天と、その万象、地とその上のすべてのもの、海とその中のすべてのものを造り、これをことごとく保たれます。天の万軍はあなたを拝します。あなたは主、神でいらせられます。あなたは昔、アブラムを選んでカルデヤのウルから導き出し、彼にアブラハムという名を与え、彼の心があなたの前に忠信なのを見られて、彼と契約を結び……」

以下読んでいってわかるのは、彼がここでイスラエルの歴史を語っていることである。実際に彼は民たちの前で「出エジプト」から「カナンへの定着」へ、自分たちが現在のような状態になった歴史的経過を、おそらくほぼ正確に、順次読み聞かせたものと思われる。

イスラエルの民がカナンの地に定着できたのは、ヤハウェとの契約による。ところが民たちは、先祖以来の契約を守らなかった。

「あなたの律法を後に投げ捨て、彼らを戒めてあなたに立ち返らせようとした預言者たちを殺し、大いに汚し事を行いました」（九章二十六節）

そのために、われわれは敵（バビロニア）の手に渡されたとエズラはいう。そして、最後に結論としてこう述べている。

「われわれは今日奴隷です。あなたがわれわれの先祖に与えて、その実とその良き物とを食べさせようとされた地で、われわれは奴隷となっているのです。そして、この地はわれわれの罪のゆえに、あなたがわれわれの上に立てられた王たちのために多くの産物を出しています。かつ彼らはわれわれの身をも、われわれの家畜をも意のままに左右することができるので、われわれは大いなる苦難のうちにあるのです」（三十六節、三十七節）

神は契約を守ってわれわれをカナンの地に住まわせてくれた、それなのに、われわれが契約を守らなかったので、われわれはカナンにいるけれども、その上に他国の王たち（バビロニアを滅ぼしたペルシアの王）が君臨して、われわれはその奴隷となって大いなる苦難の中にあるという。

エズラは、イスラエルの歴史というものを神と人間との関係、神との契約の関係で説いている。その契約に違反したために、いまこういう不幸な結果になっている。だから、みな契約を守れ、と。

その契約はすなわちトーラーであって、エズラはそのトーラーを一章一章読み、敷衍訳をしてみんなに聞かせ、これを守るか否かを問うているのである。

律法を守る者がユダヤ人

「このもろもろのことのためにわれわれは堅い契約を結んで、これを記録し、われわれのつかさたち、レビびとたち、祭司たちはこれに印を押した」（ネヘミヤ記九章三十八節）

えんえんとつづくエズラの言葉が終った後に、こう書かれている。契約を絶対に守りますと、印を押したわけである。

ここに宗教法というものの発想をみることができる。律法体制のはじまりといってもいい。トーラーの至上主義とシナゴーグの成立があいまって、強固な宗教法体制が確立された。

先年〔一九七六年〕亡くなったソロモン・ツァイトリンという第二神殿期専門の学者は、「成文憲法という考え方が、このときはじめて人類にできた」といっている。

成文憲法とは、つまるところそれが絶対であって、それを越えてどんな個人でも団体でも権力をふるうことを許さない、という考え方である。もっともこれは、前に記したヨシヤ王の申命記改革のときにもあった考え方で、王も民も神と契約を結び、絶対なのはこの契約のみとしている。この点では、申命記もまた成文憲法といえるが、王がなく法のみで法の前にはすべて平等となったのはこのときで、この意味ではツァイトリンのいうとおりであろう。

ユダヤ人にとってのトーラーと民とはまさにその関係で、その上に立つ権力者はいない。トーラーという「憲法」が至上のものである。

ユダヤ教では、いまでもトーラーに王冠をかぶせるというおもしろい伝統がある。タテ四十五センチほどの羊皮紙に書かれたトーラーを両側から巻き、金属のカバーで覆ったそのてっぺんに王冠をかぶせる。王冠をかぶっていいのはトーラーだけであって、人間は絶対にかぶってはいけないという考え方から出ている。

同時に、ユダヤ人は、律法遵奉者集団のようなかたちになっていく。そこでユダヤ人という概念は、民族ではなく、むしろトーラーを絶対とするユダヤ教徒のことをさすものになってくる。いわば人種・民族を問わず律法を守ればユダヤ人、守らなければユダヤ人ではないという考え方である。

ユダヤ教徒という言葉は、宗教法という概念のない日本では正確に理解しにくい。そこで律法遵奉者集団といえばわかりやすいはずで、これは「法治」という考え方の基本のはずである。現在でも、アメリカなら、人種・民族を問わず、アメリカの憲法に忠誠で、アメリカの法律を守り、その義務に忠実なものがアメリカ人であるという発想と非常に似ている。

これはもっと後代のラビ文書だが、「律法を行う異邦人は大祭司にまさる」という言葉がある。律法を守っている者は異邦人であっても、大祭司以上だというのだ。

逆に言えば、大祭司でも律法を守らなければユダヤ人ではない、異邦人だという発想が出てくるのであって、ユダヤ人であるか否かの条件は、ただひとつ、律法を守るか守らないかということになる。

律法体制は預言を消滅させた

トーラー体制の確立は、一つの重大な結果をもたらした。それはイスラエルの貴重な伝統であった預言の消滅ないしは休止という思想が出てきたことである。

トーラーが絶対化され、いっさいがトーラーに帰せられるようになると、これを超えて預言を通して、神が人に語るということはなくなる。

トーラー体制の下では、預言者の活動する余地はない。「預言者も今はいません」（詩篇七十四篇九節）、「預言者が現われなくなって以来……」（マカバイ記上九章二十七節）といった言葉があり、タルムードにもヨセフスの文書にも「これとともに預言の声は絶えた」という意味のことを記している。旧約における預言という伝統が、ここで打ち切られたことになる。このことは新約に大きく影響してくるのであって、トーラー絶対という考え方に立てば、神のことばの体現者イエスという発想は出てこない。

トーラーの解説者のみが権威を持ち、それ以外の者は権威を持って語ってはいけないことになる。「権威ある者のように教える」（マタイによる福音書七章二十九節）者が出てくれば、むしろ、排除すべきにせ者、神の権威にさからう者と考える傾向も出てくる。

それにしても、このトーラー体制は、民衆の間にどれほど浸透していたのだろうか。エズラがこれを読みあげ、「このとおりにやれ」といっても、はたしてどこまで浸透したものか。実際には、そう簡単にいかなかったに違いない。

その場合、どの宗教でもしばしば行われるのが、いわゆる「箴言化《しんげん》」である。訓言化といってもよく、律法を短い戒めにいいかえて民衆に浸透させるわけである。

ユダヤ教でも、この箴言化が、起っている。つねに箴言化、訓言化の現象を起すのが、ユダヤ教の一つの特徴で、これは、そのままではたいへんわかりにくいトーラーを、条文化、訓言化してわかりやすく要約し日常生活の規範にしようという行き方である。前に記した「シュルファン・アルフ」もそれで、十五世紀に、旧約聖書からタルムードにいたるすべての教えを、六百十三条に要約する試みが行われている。

旧約聖書の中の「箴言」、外典の「ベン・シラの知恵」「ソロモンの知恵」は、このように箴言化した三つの文書である。

しかし、「箴言」の場合、これがトーラーのみに即した内容かというと、必ずしもそうとはいえず、これには「アヒカルの訓言」とか「アモン・エン・オペテの知恵」とかいうアッシリアやエジプトの訓言も入っていて素材として使われ、古代オリエントの知恵の集成のようなものになっており、その点では実に貴重な文書である。

非常に国際的なのだが、それをそのままに採用しているのではなく、一定の思想のもとに、いわばトーラーのもつ思想のもとに再編集しているのが特徴である。

昔の中東の人たちが持っていた生活上の知恵と、ヘブライ的な神観および思想とを結びつけたところに、箴言のおもしろさがあるといえる。

トーラーの民衆化と、これを人びとに遵守させるために、箴言化を行なったのは、ハカミーム、コーヘレスと呼ばれる人たちである。

ハカミームは「知恵ある者」の意味で、いわば教師。コーヘレスというのは「集会で語る者」を意味し、伝道の書の「伝道者」とはこのコーヘレスのことである。こういう人たちがいろいろと民衆を教育して、トーラー体制を支えたわけである。

応報思想につながる〝教育書〟箴言

「預言者の思想を溶鉱炉にたとえれば、箴言というのはどこにでも流通する貨幣のようなものだ」とジェームス・フレミングという学者はいった。

箴言とは、たしかに広く浸透してはいくだろうが、その反面、日常訓となって思想の力は失われる。思想がたんなる日常訓に還元されると、これさえ守っていればいいというかたちになってしまう。

わが国でも、江戸時代、この箴言形式のものが流行し、たとえば石門心学などは、人生いかに生きるべきかを百首ぐらいの和歌にして、民衆に教えた。「堪忍のなる堪忍は誰もする、ならぬ堪忍、するが堪忍」などというのがその一例である。

この場合、基本になっているのは儒教的な思想だが、そのむずかしい思想をそのまま教えるのではなく、こういう歌とか訓言にして暗記させる。これが民衆教化のいちばん手っ取り早い手段であって、これが浸透すると、自分がなぜそうするのかわからないけれども、それを当り前のこととして遵奉するようになる。箴言は、そういう効果を持っている。

同時に、その基本的な思想が理解されなくなる。現在のわれわれ日本人の道徳律にしても、だいたい江戸時代の箴言が当り前のこととして受け入れられている上に成り立っているわけだが、それがなぜ当り前か、人は問わない。箴言化には、思想としての力を失わせるという大きなマイナス面がある。

もっとも、ユダヤ教では、週に一度、安息日ごとにシナゴーグでトーラーその他を読んで聞かせていたから、たんなる箴言化におちいることはなかったはずだし、トーラーと箴言が並行している間は、あまり問題もなかっただろう。

しかし、箴言が民衆思想となって支配するようになると、これが一種の応報思想に転化する。つまり「こういうことをすれば、主はこう報われるだろう」という考え方である。

これはすでにエズラの思想にもうかがえることで、われわれがこういう状態にあるのは契約を破ったからであるということは、契約を守ればこういう状態から脱け出せるだろうという逆の発想になりうる。

これが訓言化、箴言化されると、いっそう徹底されて、その一つ一つを守れば神はこういうふうに恵んでくださるという発想が出てくる。

そして、それを逆にすると、そういうふうに恵まれない人間は、神の教えを守らなかった、だからその報いを受けたのだという考え方になって不思議ではない。

これはたいへんにこわいことで、私はつねづね、正直者がバカをみない社会ができたらたいへんなことになるのではないかと思っているのだが、そういう社会だと、バカをみた人間はみな正直ではないということになってしまう。正義は必ず報われるということになると、では報われない人間はみな不義なのかということになる。義は必ず勝つとすると、敗れた者はみな不義かということになる。箴言化には、このように事柄を単純に割り切って、裁いてしまう一面がある。

しかし、旧約聖書には、そういう箴言的発想に対して、徹底的に批判し、反抗している文書がある。それが、ヨブ記、この旧約文学の最高の作については、次の項で触れることにしよう。

しかしここで考えねばならぬことは、まずこの「箴言」が教育書であり、したがって教育者という限界があることである。次にこの相反するようにみえる両者が「知恵文学」として総称され、そのほか「伝道の書」も「詩篇」の一部もまた外典の「ベン・シラの知恵」等もこれに含められていることである。この「知恵」という概念は新約、とくにヨハネによる福音書に大きな影響を与えたが、それは後に触れることにして、ここでは次の言葉とヨハネによる福音書の冒頭の「はじめに言葉あり、言葉は神とともにあり」を対比してみよう。

主が昔そのわざをなしはじめられる時、

そのわざのはじめとして、わたし（知恵）を造られた。
いにしえ　地のなかった時、
はじめに　わたしは立てられた。
まだ海もなく、また大いなる水の泉もなかった時、
わたしはすでに生れ、
山もまだ定められず、丘もまだなかった時、
わたしはすでに生れた。

いわば創世記とは違う別の創世記で、まず知恵が創造される。そして「ベン・シラの知恵」では「それ（知恵）は、常に、神の傍らにある」となる。これは知恵文学における新しい考え方といえよう。

最後に一言付け加えれば、教育書としての「箴言」は実にきびしく、また現実直視で、決して「甘やかし」ではない。すなわち世の中には「さとき者」と「愚かな者」がいるという前提に立ち、「むちを加えない者はその子を憎む」のである。

聖書のなかの知恵・空と無・恋

悪魔は正義の味方か

旧約の中でヨブ記こそ、われわれのいう宗教書に近い著作だと私は思う。「誤解されている聖書」でものべたように、聖書は簡単に宗教書とはいえない。そしてここまで読まれた読者は、聖書が日本でいわれる宗教書とは非常に違ったものであることを、すでに納得されているであろう。そのなかでヨブ記は確かに宗教書だが、見方を変えれば、劇とも劇詩ともいえる。ということは、これは他の著作とちがって、純然たる「創作《フィクション》」だからである。作者も年代も明らかでないが、だいたい紀元前五～四世紀以降と見るのが普通である。

ヨブ記の主人公は、ヨブ。箴言的な意味での神の戒めを完全に守った人間、「その人となりは全く、かつ正しく、神を恐れ、悪に遠ざかった」と。さらに彼は恵まれた財産家、そのうえ多くの子女があり、家庭も幸福であった。「箴言」の発想からすれば、これは当然であり、彼は生涯にわたって報われるはずなのだが、ある日、不意にまったく理由なくあらゆる苦難にあうという物語になっている。そこに箴言的世界観への痛烈な批判がこめられ、そこから神義論が展開されていく。その構成は確かに一種の劇詩で、ヨブ記の冒頭は、後にゲーテがこれからヒントを得たファウストの序幕と同様に、天上における神とサタン（悪魔）との次のような問答にはじまる。

ヤハウェはサタンにいった、「お前はどこから来たのか」。サタンはヤハウェに答えていった、「地を行きめぐり、あちこち歩いてきました」。ヤハウェはサタンにいった、「お前は私のしもべヨブのように全く、かつ正しく、神を恐れ、悪に遠ざかる者の世にないことを気づいたか」。サタンはヤハウェに答えていった、「ヨブがいたずらに（ヒンナーム＝求めることなくして）神を恐れましょうか。あなたは彼とその家とすべての所有物のまわりにくまなく、まがきを設け（て保護せ）られたではありませんか。あなたは彼の勤労を祝福されたので、その家畜は地にふえたのです。しかし今あなたの手を伸べて、彼のすべての所有物を撃ってごらんなさい。彼は必ずあなたの顔に向って、あなたを呪うでしょう」

この奇妙な問答には興味深い点が三つある。一つは――これはファウストのメフィストフェレスでも同じだが――サタン（悪魔）が神と対立せず、神のもとに来て、ヨブを告発しているということである。旧約、とくにその古い資料におけるサタンは決して「神と悪魔の対立」というかたちにならず、サタンは神のかたわらにあって人の罪を告発するものになっている。とするとまさに「正義の味方」なのだが、ではなぜそれが「悪」なのか。それは、告発は正義を口にしながらその動機が憎悪であり、憎悪を悪の根源とみるからである。

この伝統は聖書に一貫しており、後代になると一見善悪二元論のようにみえるが――またそう誤解する人も多いが――、善悪の対立はむしろ宗教心理学的で、善き衝動《イエッツェル・ハットーブ》と悪しき衝動《イエッツェル・ハラ》の対立とみている。

聖書は決して正義対悪といった単純な見方をせず、この世の中に「正義の味方」と「諸悪の根源」があるといったような短絡的発想もしていない。また人間を「善人」「悪人」というかたちに分け、二種類の人間がいるとも考えていない。これはエゼキエルの例でも説明したが、人間とは憎悪が動機で正義を口にしたり行なったりする者ともみている。いわば「悪しき衝動」に基づく「義による告発」である。イザヤも「人間の正義は汚れた下着」という有名な言葉を口にしている。ヨブ記に描かれているサタンはまさにそのような存在である。

ヨブ記は箴言思想を批判するサタンの言葉を聞いたヤハウェは、ためしにヨブをサタンの手にわたす。そのためヨブの上に理由なき災害がふりかかり、彼はすべての財産を失い、子供はみな不慮の死をとげる。だがヨブは神を呪わず、次のようにいった。


私は裸で母の胎を出た。

また裸でかしこへ帰ろう。

ヤハウェが与え、ヤハウェが取ったのだ。

ヤハウェの御名《みな》はほむべきかな。


そこでサタンはヨブを病気にし全身を悪質の腫物《はれもの》で悩ます。これを見かねて妻が、「あなたはなおも堅く保って、自分を全うするのですか。神を呪って死になさい」というが、ヨブは「……われわれは神から幸いを受けるのだから災いをもうけるべきではないか」という。そこへ三人の友が慰めに来る。ここまでが序幕である。

この主題はサタンの「人が求めることなくして神を恐れましょうか」という告発にあ

るであろう。いわば人にとって神とは何らかの御利益を得る手段で、「応報」すなわち「報われること」の方が絶対で、神はその手段であるから、ヨブはあのような生活をしているのだ。それは、人間への告発であると同時に、神の絶対性への挑戦である。神もヨブもこの挑戦に答えたわけである。

そこへ三人の友人が慰めに来る。しかしこの友人の言葉は慰めにならない。というのは彼らは箴言の思想を代表しており、その主張は要約すると次のようになってしまうからである。

すなわち「神は全能であり、義であるから、理由なく人を審《さば》きかつ苦しめることはない。人間の苦悩はその人に原因がある。簡単にいえば、人は罪を犯す、それゆえ苦しまねばならない。したがって人が苦しむのは罪を犯すためである」——いわば応報の神学である。これからみれば、ヨブには隠した罪があったから、今日このような状態になったことになってしまう。

だがヨブはこれに承服できない。まことに「正義は必ず勝つ」とか「正しい者は報われる」といった発想は、逆転すると恐ろしい。いわばヨブが「報われないのは、正しくない証拠」になってくる。そこで三人は、その隠している不義を告白して、罪を認めよ、そうすれば救われるであろうと、次のようにヨブをせめる。

いつまでお前は、そのようなことをいうのか。
お前の口の言葉は荒い風ではないか。
神は公義を曲げられるであろうか。
全能者は正義は曲げられるであろうか。
お前の子たちが彼に罪をおかしたので、
彼らをそのとがの手に渡されたのだ。
お前がもし神に求め、全能者に祈るならば、
お前がもし清く、正しくあるならば、
彼は必ずお前のために立って、
お前の正しいすみかを栄えさせられる。

いっさいを失った重病のヨブにこのようなことをいうのはまことに教条主義的だが、今でも重病人を「信心がたりないからだ」と責める新興宗教もあるから、洋の東西を問わず、応報思想は必ずこのかたちをとる。
もちろんこの場合、日本人なら「前世の因果」とか「親の因果が子に報いた」とか「積善の家に余慶《よけい》あり、積不善の家に余殃《よおう》あり」などという、自己の責任以外にその原因を転嫁して心理的に解決する方法があるであろうが、前にものべたように、その発想

がほとんどない旧約聖書には、逃げ道がない。そしてヘブル思想はつねに、この逃げ場のない極限状態を徹底的につめていく。したがってヨブと三人の友の間には、延々たる議論がくりかえされていく。

理解しにくい「被造物」感覚

最後にヨブは、友人たちを「無用の医師」「うわべを繕《つくろ》う者」として論争を打ち切り、ついには神に直接に論争をいどむのだが、この延々たる論争のなかで、第二イザヤの「苦難のしもべ」とともに、後にキリスト教に大きな影響を与えたのは第十九章の次の句であろう。

私は知る、
私をあがなう者は生きておられる、
後の日に彼は必ず地の上に立たれる。
私の皮がこのように滅ぼされたのち、
私は肉を離れて神を見るであろう。
しかも私の味方として見るであろう。
私の見る者はこれ以外のものではない。

私の心はこれを望んでこがれる。

キリスト教徒は後に、これをイエス・キリスト出現の予告として受けとった。もちろん原文の作者がその意味をこめてこれを記したという証拠はないが、この「あがなう者」――彼をその苦悩から解放して救い、批判する友人と攻撃する神に対して、ヨブの側に立って弁護してくれるもの――すなわちサタンを告発する検事とすれば弁護士になってくれる者にしか、もう期待はできない、という言葉、そして「後の日に」「必ず地上に立たれる」という言葉は、そう受けとられ、イエスをそのようにみる基となったとはいえる。その意味で彼は、歴史的未来に期待しているともいえる。

また「肉を離れて神を見る」を「肉体なき霊だけの状態」での意味にとって、ここを死後の世界で神を直接に見る、の意味と解する者もいるが、これは「読み込み」であろう。現在ではこれを「肉から」「肉のままで」と訳すべきだという考え方のほうが強く、多くの新しい訳はこれを採用している。

いっさいの論争に失望したヨブは、前述のように神に論争をいどむ。いわば「神が正しいのか、自分が正しいのか、決着をつけよう」というわけである。おもしろいのはこの考え方で、神を信ずるとは神に論争をいどむことなのである。これはヨブだけでなく、サムエルにもその記述があり、この考え方はわれわれのいう「信心」とはまったく別であろう。

神は大嵐のなかから大声でヨブに答える。この答がわれわれには実に奇妙に聞える。それは一言でいえば「お前は被造物ではないか」ということである。創造者は被造物の上に絶対意志をもっている。これも旧約の根本的な思想、前に記した創世記の第一、二章に出てくる考え方であり、またイザヤはこれを陶器師と陶器の関係にたとえている。陶器は陶器師に抗議できない。ヨブはそれを自覚しない。それを自覚しないのがヨブの罪であり、神はその無知を責める。ヨブはそれを自己の罪として懺悔《ざんげ》し、ここに神との和解が成り立つのである。

「被造物感」という言葉があるが、これはわれわれには感得しにくい「感」であろう。しかし、このような神の「絶対性」は、御利益・応報のかたちで神を取引の対象とする「相対性」を排除する。いわば絶対なのは神であって応報ではなく、神は応報の保証人でもない。

このヨブ記の思想はカルヴァンの予定説を思わせるが、そう考えると、この「ヨブ個人と神との対決」もまた、現代社会の一つの基礎となっているであろう。

リアリズムに満ちた伝道の書

伝道の書というのは少々おかしな訳で、前述のように「集会で語る人」または「伝道者」とすべきで、内容は「集会で語る人の言葉」ということになる。

伝道の書を開いてみると、「空の空」ではじまって「いっさいは空である」（一章二節）といっている。「空」という観念が主題として出てくるのは、旧約・新約を通じてこの書だけで、聖書の中でも異色の書といわなければならない。

この著者は、徹底したリアリスト。富すなわち経済力など少しも評価せず、たとえば、次のようなことをいっている。「財産が増せば、これを食う物も増す。その持ち主は目にそれを見るだけで、なんの益があるか」（五章十一節）

人間というのはいくらたくさん金を持っていても、食べる分量は限られている。だから、金持ちが大宴会を開いても、自分が食べるのはわずかで、他人に食べさせて見ているというまことに空虚で無意味なことをしている、ということである。

また彼は政治にも期待していない。「貧しく賢いわらべは、老いて愚かで、もはやいさめをいれることを知らない王にまさる。たとい、その王が獄屋から出て王位についた者であっても、また自分の国に貧しく生れて王位についた者であっても、そうである……」と。

さらに彼は「正義」にも期待しない。「私はこのむなしい人生において、もろもろのことを見た。そこには義人がその義によって滅びることがあり、悪人がその悪によって長生きすることがある。あなたは義に過ぎてはならない。また賢きに過ぎてはならない。

あなたはどうして自分を滅ぼしてよかろうか。悪に過ぎてはならない。また愚かであってはならない。あなたはどうして、自分の時がこないのに死んでよかろうか……善を行い、罪を犯さない正しい人は世にいない」

さらに彼は未来にも希望をもたない。

愚者は言葉を多くする、
しかし人はだれも後に起ることを知らない。
だれがその身の後に起ることを
告げることができようか。

彼は知恵にも知識にも期待をもたず「それは知恵が多ければ悩みが多く、知識を増すものは憂いを増すからである」と。

このように、この世で普通に考えられ、行われていることを、すべて皮肉り、否定し、嘲笑しており、読んでいてたいへんにおもしろい。と同時になぜこんな書が聖書に入ったのだろうと、思う人があっても不思議ではない。その全体から受ける印象は、いわゆる「聖書」という言葉から受ける印象とはまったく別だからである。

前に正典成立について記したが、これを正典に入れるかどうかは最後まで問題になったらしく、ウシャにおける最後の編纂のときにやっと入れられたといわれる。教条的な人びとには相当大きな抵抗があったに違いなく、そうであって不思議ではない。

しかし聖書を通読してみれば、それは決して一本調子の全書ではなく、これを非聖書的と思う人は、聖書に関して誤った固定観念をもっているというにすぎないであろう。ではこの「伝道の書」はいったい何をいおうとしているのだろうか。

空と無――仏教と聖書のちがい

仏教でいうような「空」とか「無」という概念が聖書にあるかないかは大きな問題で、従来の定説に従えば「ない」とするのが普通であろう。

新約聖書に「無から」という言葉が出てくるが、この「無」というのは、否定詞と be 動詞だけで表わされており、「存在がない」という単純な意味で、そこに「無」の思想を読み込むべきでないと私は思う。「無からの創造」といういい方にしても、これはラテン語時代のもので(ラテン語で「クレアティオ・エクス・ニヒロ」)、はたしてそういう発想が、創世記にあったかどうかは、多くの聖書学者は問題にしている。「無からの創造」という発想はないとみるべきであろう。

伝道の書の「空」もまた、しばしば仏教的な「空」と混同されるが、そうとはいえず、「空《ヘベル》」とは元来「息」の意味で、本文を読んでいくと、呼吸のような「空虚なくりかえしの永続」という意味にとれる。

伝道の書の一つの大きな特徴として、ヤハウェという言葉が一回も出てこないことがある。神という言葉は出てくるが、ヤハウェは出てこない。

伝道の書ができたのは、紀元前二五〇年から二〇〇年ごろにかけてであろうと考えられている。ユダヤ人が大きな苦難を迎えた時代があり、そういう時代背景のなかに出てきたのが、伝道の書の「空」の思想であった。

伝道の書をはじめから終りまで読んでいけばわかるように、いっさいを「空の空」と否定していって、最後に、ではいったい人間に残るのは何かというと、それは「人間は神によって造られたものだ」ということ、いわば「被造物」ということで、ヨブ記で、最後に神がヨブに語っていることと同じである。人間は神に造られた、このこと以外はすべて無であり空である。そこから、結局、律法へ戻っていく。造り主である神を恐れ、その律法を守れ、と。それ以外は、何をやってもいっさい空《むな》しい、と。

学者によっては、この最後の部分は後からつけ加えたのだろうという。つけ加えたにしろ、これが正典としての伝道の書の結論であることに変りはない。

ヨブ記の結末も、後代の加筆ではないかといわれている。その詮索《せんさく》はともかくとして、この結末もまた、前述のように「お前は被造物ではないか」という神の言葉と、それへの無知を罪とするヨブの懺悔で終るのである。

来世という発想と神の秩序

これまでにものべたように、旧約には前世・来世という発想はなくヨブ記にしろ伝道の書にしろ、箴言にしろ、これが「ない」という前提ですべてが論じられている。ヨブ記の場合、前述の一カ所だけ〝来世の意識〟が見られるのではないか、という人もいるが、翻訳上の問題は別としても、全体の文脈としては〝来世はない〟を前提としないと、ヨブ記の主題は成り立たないであろう。「現世で苦しめば来世で報われる」といってしまえば、何もヨブのように、神と対決しようということにはならないからである。

そうなると、正義があるなら、その正義は、この世で確立されなくてはならない。伝道の書でも最後に出てくるのはこのことであって、次のように結んでいる。「事の帰する所は、すべていわれた。すなわち、神を恐れ、その命令を守れ。これはすべての人の本分である。神はすべてのわざ、ならびにすべての隠れた事を善悪とともにさばかれるからである」（十二章十三節、十四節）

この発想を推し進めていったらどうなるか。道は二つしかないだろう。

一つはあらゆる律法的規制を徹底させて、各人にそれを厳守させ、不義なるもののいっさいない状態を作り出すこと。この方向へ進めば律法主義である。

もう一つは、前にも書いたように、現在の状態に矛盾は認めるが、歴史的未来における完全な状態の実現を期待すること。自分の生きている間はだめでも、歴史的未来においていつか成就されるという考え方である。これはエレミヤでは、前述のように神との契約の未来における更改というかたちで出てきている。

ヨブ記、箴言、伝道の書の三つの書を知恵文学と総称するが、知恵文学にはこの二つの発想がある。一方で、現世で義は絶対に確立しなければならないという発想があると同時に、もう一方では、歴史的未来において義が確立するのを期待しようではないかという考え方もある。

これらの考え方からは、当然、二つの秩序という意識が出てくる。現実の秩序とあるべき秩序の二つであり、これは現実の資本主義的秩序と、あるべき社会主義的秩序といったかたちにもなる。こういう考え方はすでに、エジプト時代からあった。古代エジプトでは、マート（社会主義）という言葉で表わされる神聖の秩序が、世俗の秩序に対置されていた。

その場合、現実の世俗の秩序を否定し、それに対立するものとして神聖の秩序を絶対化する傾向があった。エジプトばかりではなく、多くの民族がそうであった。

しかし、イスラエルの特徴は、世俗の秩序を否定しきらないことにある。これもまた、神が与えた秩序として受け入れて、単純に悪として退けてしまわない。これはマルクスの資本主義に対する態度と似ているであろう。

現実に、神が与えたものとして世俗の秩序があり、一方に絶対的な神聖の秩序がある。この二つを結ぶのが知恵であるというのが、知恵文学の基本思想であろう。人間の知恵はなんのためにあるか。二つの秩序を結びつけ、世俗の秩序を神聖の秩序に近づけていくためにある、というのであろう。そして、歴史的未来のどこかで、世俗の秩序を神聖の秩序に完全に一致させることができるという期待から、終末論が出てくる。

また「知恵」は擬人化される。まず、自らの中にあって自らと対立するものとして人格化され、さらにその人格化されたものが、何によってもたらされたのか、という発想になる。そこで知恵は神から来て、神は知恵そのもので、同時に人格化された知恵が神のかたわらにあるという考え方になる。

新約のヨハネによる福音書の冒頭、有名な「はじめに言葉《ロゴス》あり、言葉《ロゴス》は神とともにあり、言葉《ロゴス》は神なりき」は、日本で普通受けとられている通俗的解釈と違って、この言葉《ロゴス》とは知恵《ホクマー》のギリシア語化であり、この考え方が、先に引用した「箴言」と「ベン・シラの知恵」の言葉と同じ考え方に基づいていることは明らかであろう。

ヨハネによる福音書の著者は、イエスを、神のかたわらにある擬人化された知恵《ホクマー》がそのまま人となったもの、すなわち「言葉《ロゴス》は肉体となり、私たちのうちに宿った」（受肉《インカーネーション》）としているのである。

このように知恵文学は、新約の「イエス・キリスト」という概念の一つを構成する重要な基本となっている。

恋の歌、雅歌《がか》

どうか　あなたの口の口づけをもって、
私に口づけしてください。
あなたの愛はぶどう酒にまさり、
あなたのにおい油はかんばしく、
あなたの名は注がれたにおい油のようです。

にはじまって、

わが愛する者は私のもの、私は彼のもの。
彼はゆりの花の中で、その群れを養っている。
わが愛する者よ、
日の涼しくなるまで、影の消えるまで、
身をかえして出ていって、

険しい山々の上で、かもしかのように、
若い雄じかのようになってください。

とつづき、さらに、

わが花嫁よ、あなたのくちびるは甘露をしたたらせ、
あなたの舌の下には　蜜と乳がある。
あなたの衣のかおりはレバノンの香りのようだ。
わが妹、わが花嫁は閉じた園、
閉じた園、封じた泉のようだ。
………
女王のような娘よ、
あなたの足は、くつの中にあって、
なんと麗《うるわ》しいことであろう。
あなたのももは、まろやかで、玉のごとく、
名人の手のわざのようだ。
あなたのほぞは、

混ぜたぶどう酒を欠くことない丸い杯のごとく、
あなたの腹は、
ゆりの花で囲まれた山盛りの麦のようだ。
あなたの両乳房は、
かもしかの二子《ふたご》である二匹の子じかのようだ。
………
愛する者よ、快活なおとめよ、
あなたはなんと美しく愛すべき者であろう。
あなたはなつめやしの木のように威厳があり、
あなたの乳房はその房のようだ。
私はいう、「このなつめやしの木にのぼり、
その枝にとりつこう。
どうか、あなたの乳房が、ぶどうの房のごとく、
あなたの息の香りが、りんごのごとく、
あなたの口づけが、
なめらかに流れ下るよきぶどう酒のごとく、
くちびると歯の上をすべるように」と。

とつづけていくと、これはいったい何の歌であろう。この歌が本当に聖書に関係あるのかと思う人もいるであろう。これが「雅歌」だが、これも中国訳の流用で原文は「歌の中の歌《シル・ハシリーム》」で、英訳が原意どおりである。いったいどうして、聖書の中にこのような歌が入ってきたのであろうか。

　これを正典に入れるのは相当に論争があったらしい。ラビ・アキバがこれを神の愛の比喩として入れたという説があるが、これが事実かどうかは不明で、正典に入れられた後の解釈であろう。キリスト教徒側もこれに似た解釈をしてきたが、そう解釈しないとなぜ正典に入ったかの理由づけができなかったためと思われる。またこの歌が「ソロモンの雅歌」と冒頭に記されているのも正典に入った一つの理由であったかも知れない。

　しかし多くの学者は、その語彙《ごい》から、もっと後代の紀元前三〇〇〜二五〇年ごろとしている。また「原曲」といえるものが、もっと古くからあり、語彙の変化は後代のことであろうとする学者もいる。

　ではいったいこれは何の歌であったのだろう。いろいろな説があるが、それは結局、詩集説と戯曲説に分れる。しかしもっとも妥当と思われるのは、結婚式で、ある程度の所作をまぜて歌われた交誦歌とする説であろう。それに基づくと、この歌は次のような十の歌から構成されていることになる。

(一) 娘の歌とコーラス、(二) 王と娘の歌、(三) 娘の歌、(四) 女たちのコーラス、(五) 王の歌、(六) 娘の歌、(七) 王と娘と女たちのコーラス、(八) 王の最後の歌、(九) 娘の歌、(十) 娘の歌と村人たちのコーラス。

この中の「王」は、ソロモンとも本物の王とも考える必要はなく、結婚式の日だけ花婿《はなむこ》を王と呼ぶ風習がパレスチナにあったことを指摘する学者もいる。これは多くの国にあった風習らしく金達寿氏によると、韓国でも結婚の当日だけは花婿は衣冠束帯であったそうである。

だがそういう問題を別にして、虚心にこの詩を読むと、そこには後代の西欧的、キリスト教的な性を罪悪視する意識とはまったく違う、実に明るい「愛の讃歌」があることに驚かされる。しかし驚くこと自体が、聖書への一つの誤解と偏見であろう。旧約には「霊」「肉」分離といった考え方は基本的にはなく、さらに「霊が清く」「肉がけがれている」という発想はまったくなかった。それはむしろヘレニズム的な見方である。

旧約は一貫して、結婚を祝福しかつ喜び、長寿を神の最大の恩恵と考え、また子孫が多いことも「孫は老人の冠」として、何の疑惑もいだかずに喜んでいる。

そしてこれらは、聖書の中でしばしば見落されている面であり、それをはっきり指摘しているという意味で、「雅歌」は大きな価値があるであろう。最後にこの書のおもしろい特徴をあげれば「神」という言葉がまったくないことである。

キリスト教への胎動（一）――ユダヤ教の三派

ヘレニズム化とユダヤ人の信仰

新約の発端をどこに求めるか。おもしろいことに「新約はアレクサンドロス大王にはじまる」という言葉がある。確かに全東方のヘレニズム化が七十人訳聖書を生み出し、これがギリシア語世界への旧約の進出となって、新約への足がかりをつくったことは否定できない。しかしその前のエズラとネヘミヤの時代から新約の前期がはじまっていたとみるべきであろう。

「革命思想の原点」でのべたように、ネヘミヤの改革によって神殿中心の律法体制が確立し、エズラによる民衆の宗教意識の高揚と、シナゴーグによる教育があって、祭司侯国ともいわれる律法体制が確立した。そしてその体制が外国勢力によっておびやかされ、大きな試練を受けたのが、アレクサンドロス大王の後継者の時代である。そして後述するようにこの試練を乗り越えたことが、イスラエルにおける律法体制の絶対化を生み出した。

マケドニアのアレクサンドロスがペルシアに攻め入ったのは、紀元前三三四年。このとき二十万のペルシアの大軍に対して、わずか三万の手勢だったという。

伝承によれば、山が海岸に迫った非常に狭いイススというところの一戦でペルシア軍は壊滅し、その結果、マケドニアの覇権は確立し、ヘレニズム体制となった。アレクサンドロス大王の大きな特徴は、それがたんなる征服でなく、ヘレニズムを世界秩序にしようとしたことである。

しかし、その国は彼の死後、後継者同士の争いで統一を失って分裂する。パレスチナの付近は、セレウコス朝シリアとプトレマイオス朝エジプトの二勢力が併立し、その中間にあってパレスチナは、ときにはエジプト側、ときにはシリア側の支配下に置かれた。

全東方のヘレニズム化がアレクサンドロス大王の課題だったが、これがセレウコス朝シリアによってパレスチナでとくに強く推し進められたのは、シリアのアンティオコス四世エピファネースという王が即位してからである。エピファネースというのは「顕現する」という意味で、アンティオコス家の顕現王ということになるが、当時の人びとはエピマネース、つまり狂人王と呼んでいた。

若いころ、人質としてローマにあり、ローマで教育を受けて、ヘレニズムの絶対的信奉者となり、それだけに、ユダヤ人を完全にヘレニズム化しようとした。

彼はエルサレムの神殿を占領して、ここにゼウスの像を建て、ユダヤ人がもっとも嫌った豚を捧げるようなことまでした。また律法に従う者を徹底的に弾圧し迫害した。たとえば、割礼を禁止し、これを破った場合はまずその幼児を殺し、その屍体を母の首にかけて母も殺すという残虐なことまでした。

ユダヤ人の上層部は相当にヘレニズム化しており、この政策に迎合する者もあった。しかし、地方の人びとは強くこれに反発し、そのため、紀元前一六七年に起きたのが、マカバイの反乱である。旧約外典のマカバイ記は、この反乱と、その成功によるマカバイ朝（ハスモン朝）の成立について記している。

マカバイ記その他の旧約外典は、このヘレニズム時代からローマ時代にかけて、ギリシア語で書かれたもので、歴史的にも思想的にも旧約と新約の間をつなぐ内容を持っている。ヘレニズムと、それに対する抵抗の中で、新約への胎動ははじまっていた。

前二〜一世紀ごろのユダヤの生活

エルサレムの三十マイルほど北西に、モデインという場所がある。現在はマカバイ朝時代の遺跡がほんの少し残っているだけで、ほかに何もない。

ここの祭司だったハスモン家のマッタテヤという人が五人の息子たちとともに決起し

たのが、マカバイの反乱である。

マッタテヤは偶像礼拝を強要するシリアの役人と、その強要に屈した一農民を殺し、五人の息子とその家族とともに山地に逃れた。そこへ、彼とともに弾圧と戦おうとする人たちがしだいに集まってきた。その人たちはハシディーム（純情派）と呼ばれ、新約時代のパリサイ派もエッセネ派もこのハシディームを母体としている。

この抵抗は、宗教的弾圧への史上最初のゲリラ戦ともいわれているが、どうやらローマが後押しをしていたらしい。したがって、シリアの正規軍対ユダヤのゲリラという対立ではないとみる学者もいる。いずれにせよ一世紀のユダヤ人歴史家フラウィウス・ヨセフスは、ローマとの同盟関係を明記している。ローマはすでに東方進出の意図をもっていたから、まずユダヤと同盟してシリアを屈服させ、ついでユダヤを征圧してエジプトに進む計画だったのであろう。

五人の息子のうちユダ（マカバイ記では三男、ヨセフスの記録では長男）がとくに勇敢で、マカバイ、すなわちハンマーというのは、シリア軍に下す鉄槌という意味で彼につけられた仇名である。

ユダは、大軍に突入して戦死したとマカバイ記に記されているが、そのあとを兄弟のヨナタンが継ぎ、彼が殺された後、弟のシモンが継いだ。シモンは非常に政治力があった。

結局、紀元前一六三年にアンティオコス四世エピファネースが死に、シリアの衰退に乗じて、次の王デメトリオス二世のとき、前述のシモンは、このシリアを一方では立てながら実質的に独立をかちとり、ローマとも正式の外交関係を確立した。これが現在のイスラエル国成立以前の、ユダヤ人最後の独立国である。しかし完全な独立はその子ヨハネ・ヒルカノス一世のとき、前一二九年とする学者もいる。

しかし独立と同時に、マカバイ家は神殿貴族の支配階級サドカイ派と手を結ぶ結果となり、最初は同志であったはずのハシディームと対立するようになった。彼らは強力な批判勢力として結集し、これがパリサイ派となった。

両者の政争もまたものすごく、この抵抗と弾圧がマカバイ王国の勢力を弱めたが、アレクサンドラ女王（前七八〜六九年）のとき和解し、その長子ヒルカノス二世が祭司となった。これによってパリサイ派の勢力は確立され、各地の会堂《シナゴーグ》に併設された学校を支配し、律法教育を徹底し、イエス時代に大きな影響を与えるようになった。

アンティオコス四世とエピファネースの死後百年目の紀元前六三年に、ポンペイウスによってエルサレムを占領され、こんどはローマの勢力下に入る。ローマの勢力下に入ってからも、ローマとの半ば従属、半ば同盟のようなかたちでユダヤ人の王朝はつづき、このマカバイ家最後の王女マリアンメと結婚したのが、ヘロデである。彼はイドマヤの豪族の出で、彼の父はマカバイ朝の宮宰であった。彼が激烈な政争のすえ王権を確立したのが紀元前三七年で、紀元前四年に死ぬまで王位にあった。イエスは彼の治世に生れているから、だいたい紀元前七～六年とみてよい。

ヘロデの子の代になって、パレスチナは一部はローマの総督領となり、一部がその子供たちに分けられるが、その後、さまざまな変遷をへて、孫のヘロデ・アグリッパ一世のときに全領土を回復する。といっても、紀元四〇年からわずか四年ぐらいの間で、これ以後はパレスチナのほとんどがローマの統治下に置かれるようになった。

ユダヤ教の中の三派のちがい

話はキリスト紀元後まで飛んでしまったが、もういちどヘレニズム化時代のパレスチナに戻ろう。

ヘレニズムの影響は言葉の面にもあらわれて、これまでのアラム語に代って、ギリシア語が通用するようになった。

また、シリアによってヘレニズム化が強行された時代、またマカバイ朝とハシディームの抗争時代にずいぶん多くのユダヤ人が外国へ逃れ出ている。もちろん他の理由で移住した者も多い。

ユダヤ人の国外離散は、バビロン捕囚や王国滅亡時のエジプトへの避難民、また捕囚解放後も現地に残ったものにはじまったと思われるが、その離散（ディアスポラ）の民は、ますます数を増していき、各地にそれぞれユダヤ人共同体ができるようになった。数ではおそらくアレクサンドリアが一番多く、ある時期には全人口の半分がユダヤ人であったという。これはプトレマイオス朝のエジプトが割合にユダヤ人に寛容で、マケドニア人につぐ地位を与えたためであろう。政治力はもたなかったが経済はほぼ彼らに握られていた。

マカバイ王朝が独立を回復した後、ユダヤ教内の党派として成立したのが、前述のように、パリサイ、サドカイ、エッセネの三派である。教派としての成立時期についてはいろいろ説があるが、だいたい紀元前一二〇年から一〇〇年ごろとみてよいであろう。

このなかで、ディアスポラのユダヤ人に勢力をもっていたのはパリサイ派で、これは会堂《シナゴーグ》と学校を押えていたからである。彼らは外国でも会堂《シナゴーグ》を宗教と日常生活の中心とし、外国人の改宗者も受け入れていた。後のこのディアスポラ・ユダヤ教が、キリスト教の母体の一つとなった。

三派のうち、サドカイ派がいちばん保守的で、トーラーすなわちモーセの五書以外は認めようとしなかった。彼らは神殿貴族として民衆から遊離しており、民衆への影響力はあまりなかった。しかし前記の「ベン・シラの知恵」はサドカイ派の著作と思われる。

わかりにくかったのはエッセネ派だが、一九四七年に死海の北岸クムランの洞窟でアラブ人の牧童が偶然発見した「死海写本」の中のクムラン文書と、エッセネ派の関係が指摘され、脚光を浴びるようになった。

この文書（クムランで集団生活をしていたと思われる教団の規則や祈禱文などの写本）が間違いなくエッセネ派の文書なら（だいたいそれが定説化しているが）、同時代のヨセフスやユダヤ人哲学者フィロンがエッセネ派について書いたことが大部分裏付けられるわけで、同派の全貌をかなり正確に把握できる。

それらに従うと、エッセネ派の人びとはエルサレムの神殿の権威を否認し、死海の沿岸で一種の僧院体制をとっていた。最近、考古学者ヤディンが発表した「神殿写本」もこのことを裏づけている。

しかし、単に僧院内にいただけでなく、町々や村々にも散在しており、僧院はその本部のようになっていたらしい。ヨセフスは彼らが独身主義を守っていたと記録している。クムランの僧院跡の墓地から女性の骨も発見されているので、クムラン教団がエッセネ派だとすると、独身主義は疑わしい。もっともヨセフスは、エッセネに二派があって、一方は独身主義ではなかったとも記しているから、その一派とも解釈できる。

最後にパリサイ派だが、会堂《シナゴーグ》を支配していたのが、前述のようにこの派の人びとである。彼らは口伝の律法注解をトーラーと同じ程度に重んじ、権威づけていた。この口伝を文書としてまとめたのが、前に述べたようにミシュナであり、これがタルムードの中心である。

神は身近に存在する

以上のように三派にはそれぞれ特徴があったとはいえ、これはあくまでも「派」であって別の宗教ではない。したがってキリスト教の発生にとって重要なのは、この三派の違いよりむしろ三派に共通する基本的な考え方、いいかえれば一世紀におけるユダヤ教の基本的な考え方である。

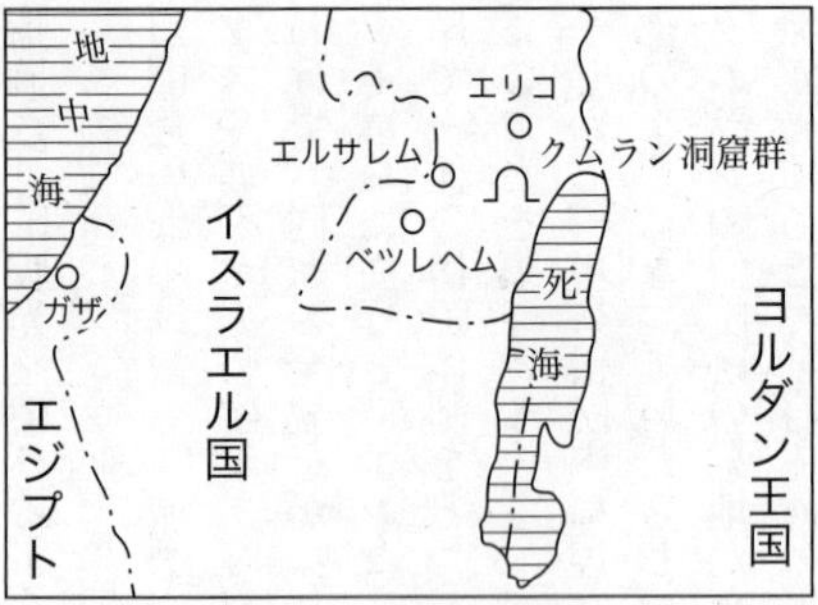

死海のクムラン洞窟の位置

一世紀のユダヤ人は確かにヘレニズムの影響は強くうけていたが、ギリシア人のような世界観を持っていたわけでなく、世界と生活を神からとらえようとしていた点では基本的に変りはない。「生ける神」の存在は、教派にかかわりなくユダヤ教の大前提で、この神は人間の理性の探究でなく、神からの啓示で知られると考えた。この点では、歴史家のヨセフスも哲学者のフィロンもラビたちも基本的には変りはない。

その神は全能、神聖、遍在、超越、創造の神であるとともに、自分たちの身近に臨在している神であった。臨在《シェヒーナー》の原意は「住む」であり、その臨在は

「神からの霊《ルーアハ・エロヒーム》」で、これは創世記以来の考え方であり、新約聖書にも死海文書にもこの考え方はきわめて顕著に表われている。

　また天使論も神の遍在を示すものとして、パリサイ派にもエッセネ派にも受け入れられていた。ただサドカイ派はこれを否定している。この天使の存在は、黙示文学や死海文書で、人間に身近なものとして記されている。

いわば神は一方では超越的・絶対的なものとして、同時に常に身近に臨在するものとして、また「われらの父」として個人的、さらに「われらの王」としてイスラエルに愛をもって臨在するものと受けとられていた。

　パリサイ派は口伝律法を重んじたことは前に記したが、これには二系統があった。一つはハラハー（「法規」原意は「歩むべき道」）で規範であり、もう一つがハガダー（「語る」の意味）で、説教、物語、伝説、詩、譬え話の類である。その内容は歴史、未来の望み、信仰の解説、道徳的戒めなどである。いわばハラハーは外側からの絶対的規範であり、ハガダーは内側から説得力をもって働きかけるものであり、この両者が内と外から影響した。

　なお、エッセネ派にも、「宗規要覧《セレク・ハ・ヤハド》」のような規範と、「ハバクク書注解」などの注解書と、一種のハガダーといえる「外典創世記」、さらに「感謝の詩篇」の詩や「光の子と闇の子の戦い」といった黙示的な文学がある。以上のような文学類型には、もちろん差異はあるが、これを日本文学などと対比すれば、実に大きな共通性があるといわねばならない。

そしてこの共通性がキリスト教の母体であった。一世紀のユダヤ教、とくにパリサイ派は新約聖書から強く批判されているので、両者が絶対的に対立するものと受けとられやすいが、その母体はともに旧約聖書で共通の基盤に立っていることは見逃してはならないであろう。

キリスト教は何から生れたか

以上のような共通性を認めた上で、ではサドカイ、エッセネ、パリサイの三派とキリスト教の関係、はっきりいえば、キリスト教はこの三派のうち、主としてどれから出てきたのかは、大きな問題である。

この点、もっとも関係がうすいのはサドカイ派だが、イエスはエッセネ派のように完全に神殿を否定していたわけではないから、エッセネのように神殿とは断絶していない。しかし神殿貴族といわれるサドカイ派と思想的な関連はほとんどないとみるべきであろう。

ではエッセネ派か。クムラン文書が発見されてからは、その文書の中にあるメシア思想や洗礼・聖餐などの類似した儀式から、キリスト教の母体をエッセネ派に求める説も一時は強かった。

ジャーナリストのエドモンド・ウィルソンなどは、キリスト教発生の地はベツレヘムではなくクムランに求めるべきだとまでいって、センセーションをまき起した。「死海写本」がジャーナリズムで大きく取り上げられるので、この種のエッセネ派キリスト教起源説は一時たいへん流行した。しかし、「死海写本」は、新約聖書をはじめミシュナやヨセフス、フィロンの著作など、膨大な同時代文書の中の一文書にすぎず、その全体的なバランスを見失ってはならないであろう。したがってセンセーションがおさまると同時に、この極端な説はだんだん衰えて、現在ではほぼ正当な位置づけがなされるようになったと思われる。

結局、キリスト教の母体は三派のどれか。やはりパリサイ派を中心とみるべきであろう。キリスト教の基本的な発想は三派の中ではパリサイ派にもっとも近い。

サドカイ派では、来世とか救世主ということがいっさい否定されている。メシア思想のないところには、キリスト教は成り立ちようがないだろう。

エッセネ派は、いわゆる「イスラエルの残れる者」という旧約の伝統に忠実な立場をとっている。終末のとき、異邦人から離れて自分たちだけが正しい状態を保っていればいいという考え方が基本になり、世俗の中での生活は基本的に否定しているから、キリスト教のように、民衆の中に入っていくという発想にはほど遠い。さらに前述した神殿への徹底的な否定的態度などは、イエスやパウロと基本的に違う。イエスの弟ヤコブを中心にした最初のエルサレムの母教会は、神殿の中にあり、はじめはここがキリスト教会の中心であった。これらの点では基本的には異なるが、しかしエッセネ派の影響がさまざまな面にあったことも否定できない。

しかし全体的にみると、サドカイ派はもちろんエッセネ派も、広くローマ世界に広がっていくことのできたキリスト教の「母体」としては、どうしてもふさわしいものとは考えられないのである。

キリスト教への胎動（二）——黙示文学と終末論と救済者

黙示文学の見方、考え方

聖書の中には、黙示文学として分類される書がある。イザヤ書第二十四〜二十七章や、ゼカリヤ書第九〜十四章も黙示文学で、エゼキエル書も黙示的だが、黙示文学として完結しているものは旧約ではダニエル書、新約ではヨハネの黙示録である。

日本人にとっていちばん親しみにくいのが、この黙示文学だろう。難解という反面、どうにでも解釈できるという一面を持っている。だから、ダニエル書やヨハネの黙示録の通俗的注解書は非常に多い。

ダニエル書は、紀元前一六七年ごろに書かれたというのが定説である。その書き方は非常におもしろく、四百年近くも昔のバビロン捕囚時代に筆者の目を戻して、そこから未来を見るというかたちで書いている。これは日本人にない発想で、たいへんわかりにくい。「過去というのは人間にとって精神にすぎない」といったのはポール・ヴァレリーだが、確かに過去は人間が触れることのできないものだから、それは人間のひとつの精神にすぎないといえる。とすれば、自分がその過去に戻って、そこから歴史を未来として見たらどう見えるだろうかという発想が出てきても、少しも不思議ではない。

ダニエル書が書かれたのは、アンティオコス四世エピファネースの弾圧時代である。その弾圧の中で、将来の見通しはまったく立たない。そのとき、過去を振り返ってみるというのではなく、自分が過去のある一点に戻ってみて、その一点から歴史を見ていったら、いったい未来に何が見えるか。こういう発想である。

もし、日本でそれをやるとすれば、たとえば織田信長の出てくるちょっと前に自分を戻してみる。そこから歴史を見ると、信長が本能寺で死んで、秀吉が出てきて、家康が出てきて、関ヶ原があって、ということが、はっきり未来として見えるわけである。

それから、明治、大正、昭和がきて、太平洋戦争があってと見ていくと、それではいま、その時点から、現在につづく未来に何が見えるか。こういう見方で、バビロン捕囚の時代に自分が未来を預言するというかたちで歴史を見、さらにその先の未来に何が見えるだろう、いまのこの弾圧がいつ終るだろうかということを、懸命に追究しているのが、ダニエル書の一面である。一種のタイム・マシーン的見方といったら、現代の人にはわかりやすいかもしれない。

もっとも、結果としてこのような見方が出てきたのは、歴史的な理由がある。前述のように当時は「預言者は眠りについてしまった」という考え方がユダヤ教の中にあり、そのため、古代の預言者の名に仮託して記すという必要が生じたためと思われる。したがって黙示文学者は、黙示文学というかたちで預言を伝えようとしたといえるであろう。

そしてその完結した作品であるダニエル書が書かれたのは、前述のアンティオコス四世エピファネースの時代であった。したがってこの書を「旧約の終りで、新約のはじまり」と呼ぶ人もいる。この時代の黙示文学には、ダニエル書の他に、外典のエノク書、十二族長の遺訓、第四エズラ書、バルクの黙示録などがあり、死海写本の中にもこの傾向に属する文書がある。

黙示文学は一種の預言書だと記したが、それは預言書と完全に同じだということではない。確かに共通する要素はあるが、その関心はもっぱら終末時に集中し、空想的表象が豊かに用いられている。その材料は伝統というよりむしろ世界的で、当時の諸宗教の神話や天文学、宇宙論などが使われていることである。

一つの終末論の提示

黙示文学の代表的作品のダニエル書は一つの書と見るよりも、第一章から第六章までと、第七章以下の二つに分けて考えたほうがわかりやすい。

まず、一つの終末論が出てくる。

ネブカデネザルは、紀元前五八七年にエルサレムを陥落させ、ユダヤ人の主立った者を捕囚として連れていったバビロニアの王だが、このネブカデネザル王が夢を見た。その夢の意味を解くというかたちで、それが出てくる（二章）。

夢の中に、頭が金、胸と両腕が銀、腹とももが青銅、すねが鉄、足の一部が鉄、一部が粘土という巨像があった。

これは何かというと、金の頭はネブカデネザルのバビロニアで、それにつづいて、金より劣る銀の国メディア、それから青銅ペルシア、鉄はアレクサンドロス大王のギリシア、鉄と一部が粘土は、それから分裂して生れたシリアのセレウコス朝という歴史をたどっているのだろう。

そこへ山の上から石がころがってくる。そして、その像を全部崩してしまう。このように、地上の権力がすべて失われ、別の秩序の新しい国が、神によってつくられるというのが、ダニエル書の第二章の主題である。この背後には前述のアンティオコス四世エピファネースの大弾圧があり、それの終末は近く、神に支配される新しい秩序の到来は近いという預言を、ネブカデネザルの中から、未来を見通すかたちで記し、人びとを激励しているのであろう。

聖書のなかの怪獣

第七章以下には、ダニエルというこの書の架空の主人公の見た幻が描かれており第七章の四匹の獣の幻がおもしろい。

これを子供に読んで聞かせると、聖書にも怪獣が出てくるといって喜ぶが、そんな感じであり、このためか、欧米ではこの書の劇画化とでもいいたい通俗書は少なくない。第一の怪獣は「ししのようで、わしの翼を持ち」、第二のは「熊のよう」、第三のは「ひょうのようで、背に鳥の翼が四つあり」、第四のは「大きな鉄の歯があり……」といった描写になっている。

この四匹の怪獣（ダニエル書では「獣」）は、バビロニア、メディア、ペルシア、アレクサンドロス大王のギリシアという四つの王国を象徴しているといわれている。

この第四の獣から、四本の角が出てきて、そのうちの一本がどんどん伸びていく。その角には人の目のような目があり、大言壮語する口がある。これは何を意味しているかというと、アレクサンドロス大王の死後、分裂した四王国を四つの角が示し、そのうちの一本が伸びてきたというのは、シリアのセレウコス王朝のことで、人の目のような目と大言壮語する口があるというのは、弾圧者アンティオコス四世エピファネースのことをいっているのである。

アンティオコスの弾圧が、第七章以下の幻のテーマで、最後の第十二章では、つぎのように、弾圧終焉の時が告げられている。「荒らす憎むべき者が立てられる時から千二百九十日が定められている。待っていて千三百三十五日に至る者は幸いだ」（十一節、十二節）

千二百九十日というのはだいたい三年半、つまり三年半でこの弾圧は終るということを、過去の歴史的経過から証明して、終りは近い、みんながんばれと励ましているわけである。

いまの苦しい時代はやがて終り、救済者が現われて、神の秩序が回復される——これがダニエル書をつらぬいている思想である。終末思想といってよい。その終末思想が、きわめて難解な黙示的表現で語られている。もっとも、以上の解釈は、おそらくこれが正しいだろうというだけで、黙示の解釈はどのようにでもできる。

ただ、自分たちが過去の一点に立ち戻り、歴史を未来に見て、それによって自分たちの未来と、いまの「時＝時代」の終りを見定めようとしたところにダニエル書の特徴があるであろう。

メシアの出現と復活の思想

ではなぜこのような発想が出てきたのか。

義人がなぜ苦しむのかという問題は、ヨブ記に出てくるが、迫害時代は、義人であるがゆえに弾圧を受ける時代である。これは神に従えば恵まれるという発想からみれば、実に矛盾した状態といわねばならない。黙示文学はこれを、この世が一時的に悪に支配され、それゆえに正しい者は弾圧されるが、やがてその破局は全世界に迫り、悪は滅びて神の支配が実現すると考えた。その時が終末である。

ダニエル書はまた、その終末にこの世を救済する救済者《メシア》が出現し、エルサレムを再建することを期待した。「エルサレムを建て直せという命令が出てから、メシアなるひとりの君が来るまで、七週と六十二週あることを知り、かつ悟れ」（九章二十五節）はそれを意味している。

さらに「人の子のようなもの」が出現し、天上の「日の老いたる者」（神）のもとに上り、神よりその永遠の国を受けるという考え方が出てきている。この「人の子のようなもの」は、後にエノク書によって個人化され、新約時代には一人の超自然的メシアの意味に解されるようになった。

さらにダニエル書の大きな特徴は、個人の復活という思想が出てきたことである。この考え方はダニエル書にしかない。いわば「義人への迫害とその死」は決してそのままにすまされることでなく、善人も悪人も復活して共に神の審判をうけ、前者は永遠の生命を受け、後者は限りない恥辱をうけるという考え方である。

民族の復興を、復活というかたちで象徴的に記した例はエゼキエル書にあり、これが有名な「骨の谷の幻想」である。彼は幻想の中に神から骨の谷を見せられ、次のようにいわれる。「『これらの骨に預言して、いえ、枯れた骨よ、主の言葉を聞け。主なる神はこれらの骨にこういわれる、見よ、私はお前たちのうちに息を入れて、お前たちを生かす……』。私は命じられたように預言したが、私が預言したとき、声があった。見よ、動く音があり、骨と骨が集まって相つらなった。私が見ていると、その上に筋《すじ》ができ、肉が生じ、皮がこれをおおった……」（エゼキエル書三十七章四節以下）

民族の復活は詩篇やイザヤ書にも、わずかだが出てきている。しかしダニエル書のような考え方はそれまではなかった。

さらに黙示文学の大きな特徴は、その内容からいって、法規《ハラハト》よりも語り《ハガダー》を重視するかたちになって当然であり、そこで、個々の律法を外面的に正確に守るより、むしろこれを統一的な集大成とみて、内面における信仰の重要性に重点がおかれるようになった。ヒートンという学者は、このような考え方のほうが、むしろ当時のユダヤ教の主流であったとみている。復活否定は伝統的なユダヤ教の教義であったが、ダニエル書以後はむしろ肯定が主流で、保守的なサドカイ派はこれを否定したが、パリサイ派はこれを肯定する立場に立っていた。

黙示文学は正統的なユダヤ教とは相当に違った位置にあり、そのためダニエル書以外の黙示文学は後にユダヤ教から排除されてキリスト教に受け継がれる結果となった。そのため今日まで残るユダヤ教の黙示文学は、キリスト教会によって現代に伝えられている。

キリスト教への胎動（三）——洗礼運動とガリラヤの風土

キリスト教と暦の関係

ユダヤ教三派の中で、いちばん進歩的で柔軟性があったのは、パリサイ派だった。聖霊、天使、復活、救済者という考え方をもち、会堂《シナゴーグ》を中心としながらも神殿を否定せず、民衆の中に積極的に入っていって、海外のユダヤ人にも伝道していた。

この点では、三派の中で、キリスト教ともっとも多くの共通性をもち、キリスト教の重要な母体となったのは、パリサイ派と考えてよい。これは、使っていた暦を見てもわかる。

パリサイ派が使っていた暦は、ローマの暦に近い。当時、どういう暦を使っていたか、つまり、どの日にどんな祭りをするかということで、その宗教宗派の信条や主張を知ることができる。

アンニ・ジョベールというフランスの女性聖書学者の研究によると、パリサイ派の暦はローマ暦に非常に似ていて、それとうまく調和するように作られていたという。エッセネ派のクムラン暦というのはそれとたいへん違って、一年を三百六十四日にしている。サドカイ暦も同じだったろうといわれているが、これはクムランのエッセネ派が当時の上流知識階級の出身者が多かったからであろう。彼らは神殿貴族のサドカイ派と鋭く対立していたとはいえ、やはり一種の知的貴族であり、自分たちを、一般民衆から隔絶した位置においていた。

ではなぜ、一年を三百六十四日にしたか。一年が三百六十五日だと、毎年、何月何日の何曜日にこれこれの祭りを行えと定めても、年によってその日の曜日が狂ってくる。これを狂わないようにするために、一年を三百六十四日にしたのであろう。

そうすれば、一年五十二週できちんとおさまる。余分の日は一種のうるう日として処理をする。現代でも一部で論議されている万国暦は、これと同じ発想である。

新約聖書のマタイ、マルコ、ルカによる福音書（この三福音書を共観福音書と呼ぶ）とヨハネによる福音書をよく読みくらべると、同じ事件に一日のずれがあることがわかるが、これは暦の違いによって起きたものらしい。

つまり、共観福音書はパリサイ派の暦、ヨハネによる福音書はエッセネ派の暦に従って書かれているためではないか、というのが、前記のアンニ・ジョベールの説である。

われわれに身近な例で考えると、たとえば太平洋戦争がはじまったのは、日本の歴史書では十二月八日。しかし、これがアメリカでは十二月七日になっている。これは日付変更線のために、同じ日に一日の食い違いができるだけで、両者の記録が本当に一日ずれているわけではない。

これがいまから二千年ぐらいたつと、歴史家が、太平洋戦争は十二月八日にはじまったのか、七日にはじまったのかと、論議することになるのだろうか。というのは、この共観福音書とヨハネによる福音書の一日のずれは、実に長い間、議論のたねだったからである。

共観福音書とヨハネによる福音書の、たとえば最後の晩餐の日のずれも、これと同じように、ただ暦の違いから起きたものとも考えられる。もっとも、これもひとつの仮説にすぎず、将来、別の説が出てくる可能性もある。

ヨハネによる福音書の著者は、同書に、名をあげず「もうひとりの弟子」と記されている者とみる人もいる。彼は大祭司の知り合いで、大祭司邸に自由に出入りできたことが、その記述から明らかである。そこで彼の著作だけが、暦が違っていても不思議ではない。

キリスト教における洗礼者ヨハネの位置

上記のようにみれば、新約聖書の中でもっとも対立的であるパリサイ派の考え方が、むしろキリスト教思想の母体となっているとみるのが、いちばん妥当といえるであろう。ただ、パリサイ派も、何派にも分れていたようで、それを一口にパリサイ派といってしまうのは問題があるであろう。

そのさまざまな派の中に、パリサイオーン・バプテスタイという一派があったと考えられている。洗礼パリサイ派とでも訳せばいいであろうか。

二世紀の教父ユスチノスの記録にこの言葉があるのだが、後に写本はパリサイオーン・カイ・バプテスタイと記され、「パリサイ派および（カイ）洗礼派」と読まれるようになってしまった。

この点を指摘したのは、神学者シュバイツァーで、彼はパリサイ派および洗礼派でなく、洗礼パリサイ派というのがあったと主張している。

「だれでも水と霊とから生れなければ神の国に入ることはできない」(ヨハネによる福音書三章五節）とイエスが宣言しているように、キリスト教から洗礼を切り離すことができない。

しかし、洗礼はキリスト教独特のものではなく、クムランの教団でも行われていたことは、立派な洗礼槽の発掘で明らかである。またパリサイ派の中にもこれを重んじる派があり、その洗礼パリサイ派がキリスト教の母体とも考えられる。

洗礼といえば、四つの福音書すべてに出てくる洗礼者ヨハネを思い浮べる人も多いだろう。

この洗礼者ヨハネは、エッセネ派系統の人と思われる。しかし明らかにエッセネ派そのものではない。というのは同じ洗礼といってもクムランとヨハネとでは非常に違うからである。そのおもな違いをあげればヨハネは、(一)一般人に呼びかけ、(二)準備期間はなく、(三)一回きりで、クムランのようにくり返し行う清めの儀式でない。これが非常に特異であったため、「洗礼者」と呼ばれたのではないかという説もある。

ヨセフスの『自伝』(後述)に、バンヌスという人が出てくる。ヨセフスはこの洗礼者バンヌスに従い、三年間、荒野で修行をしたという。これにはかなり誇張がありそうだが、彼が実際にその弟子だったかどうかは別として、「荒野に住み、木からつくった衣服をまとい、土地に自生するものを食べ……」という記述は、洗礼者ヨハネに非常によく似ている。

バンヌスなりヨハネなりという一種の荒野の隠者がほかにもいたことは確かで、問題はこれがエッセネ派とどう関係するかであろう。あるいは、エッセネ派的思想を持ったいわば独立修道士のような存在だったのかもしれない。

いずれにしても、洗礼者ヨハネがイエスの先駆者的存在だったことは、全福音書が認めるところで、これがキリスト教の母体の一つになっていることは間違いないだろう。

しかし、宗教史的に見て、キリスト教発生の大きな母体というべきものは、ガリラヤという独特な風土である。洗礼者ヨハネが活動したのもガリラヤであり、イエスも生涯の大部分をガリラヤで送っている。ガリラヤはキリスト教のふるさとと呼ぶことができる。

過激派を生んだ温和な辺境ガリラヤ

ガリラヤという呼び名は預言者イザヤ以来のもので、もとになるガリル（地）はガリル・ハ・ゴイム――「異教徒の地」であり、その略称が「ガリルの地」すなわちガリラヤである。

ガリルとは元来は「輪」のことで、ガリラヤ湖（ゲネサレ湖）を囲んで輪のように山があったので、そう呼ばれたのであろう。それが後に「地域」とか「周辺」という意味になったのだろうという説がある。

いずれにしても、ガリル・ハ・ゴイムといういい方は、エルサレムからみて異教の地、正式にはユダヤ教の圏内には入れにくいという意識から、「辺境」を意味してつけられたと思われる。すなわち「異教徒のガリラヤ」である。この呼び方は後のユダヤ教文書にも出てきており、「非正統的」「異端的」といったある種の偏見をもってみられていた。辺境であって、しかも気候風土が非常に違う。このことは、イスラエルを旅行すればだれの目にも明らかである。遠藤周作氏は、峻厳な洗礼者ヨハネはユダの荒涼たる荒野を代表し、温和なイエスはガリラヤの風土を代表しているのだろうといっているが、こういう見方が出てくるのも無理はない。

何事につけ風土とすぐ結びつけたくなるのは、日本的な発想だが、ヨセフスなどの史料でみるかぎり、洗礼者ヨハネもイエスも、主な活動地はガリラヤであって、洗礼者ヨハネがユダの荒野を代表するとはいえないであろう。また、ガリラヤ人は決して温和ではなく、温和な思想をもっていたともいえない。

気候や風土は確かに温和だが、ユダヤ教の中の最大の過激派は、このガリラヤから出ており、「すべて革命運動でローマ人たちをゆるがした者は、みなガリラヤから出ている」と聖書学者ドブノヴは記している。理由はおそらく辺境とみられていたためで、辺境がしばしば、中央より徹底していくのは多くの歴史にみられる一つの傾向であろう。ユダヤ戦争でのもっとも強固な過激派は、ギスカラのヨハネだが、ギスカラとは、現在のレバノンの国境に近く、ガリラヤでもその辺境に当る。

いまはジシュと呼ばれているが、伝説ではこのギスカラは、パウロの両親の出身地ということになっている。そうだとすると、パウロもまたガリラヤ系統ということになるであろう。

いずれにしても辺境で、多くの過激派が出た地で、イエスは生涯の大部分をそこで送っている。

ローマを中心にみればユダヤはすでに辺境であり、そのまた辺境の地ガリラヤがわりあいよくわかっているのは、当時のこの地の詳細な記述をフラウィウス・ヨセフスが残しているからである。

これまで彼を歴史家として紹介してきたが、実はユダヤ戦争のときの指導者の一人で、ガリラヤの長官あるいは軍司令官の位置にいた。ローマ軍と戦って、ヨタパタで敗れ、降伏して捕虜になったが、時のローマ軍司令官ヴェスパシアヌスがいずれは皇帝になるとその前で予言して助けられた。それが事実になってから、ローマ貴族の一人としてその保護の下に、以後の生涯を著作に捧げたという、数奇な運命をたどった人である。ユダヤ人からは激しく糾弾されたが、当時のことを明らかにしているという点で、歴史家としての功績は否定できない。

ヨセフスには『ユダヤ古代誌』『ユダヤ戦記』『アピオンへの反論』『自伝』の四つの著作がある。その中には、紀元六六年ごろのガリラヤの情況が細かく描かれていて、現在でも、当時、どこからどこまで歩くとどのくらいかかったか、というようなことまでわかる。

パレスチナで早くから正確な発掘が行われているのもガリラヤで、このヨセフスの記録に負うところが多い。イエスが根拠地としたカペナウムなどは一八九四年に発掘がはじめられ、今ではきれいに復原されている。もっともその会堂はイエス時代より後のものだが、その基盤と、後ろにある遺構および隣の遺構等はイエスの時代のものである。地図で見るとわかるように、ガリラヤは南のサマリヤと地続きになっているが、ガリラヤ人はエルサレムと往き来するのに、このサマリヤを通るのを嫌って、ヨルダン川の東を迂回した。

サマリヤは預言者エリヤ、エリシャの時代から偶像礼拝に毒されており、イスラエル宗教の純粋さを失ったとして糾弾され、さらにエズラ・ネヘミヤの時代にはこれと対立し、イエスの時代には、異教の地としていみ嫌われていた。ヨセフスもサマリヤ人は、調子のいいときはエルサレム側につき、調子が悪くなるとすぐ裏切って敵方につくという見方をしている。

イエス時代のパレスチナ

そういう土地にさえぎられ、また山に囲まれたガリラヤは、地理的にもひとつの独立地帯をなしていた。過激思想をもふくめて、独特な思想を生むのにふさわしい土地であった。

イエス時代には「ガリラヤ人」という言葉は特殊なニュアンスで口にされ、また「ガリラヤ派のラビ」という言葉も特別な意味をもっていたと思われる。

イエスはそういう土地で育ち、その地に登場し、「ラビ」と呼ばれ、そこを主要な活動の舞台とした。ガリラヤの気候風土が温和だから、イエスは温和な人だったと、簡単にはいい切れない。いわば彼は、当時の人にとっては「ガリラヤ派のラビ」であったのだ。このことは、決して無視できない要素である。

新約聖書とイエスと同時代の資料

民族主義と普遍主義

新約聖書は以上のような流れの上に成立したもので、旧約聖書を無視しては新約聖書は理解できない。というのは新約に表われるさまざまの概念は、すでにのべてきたように、旧約に由来しているからである。

ではその新約聖書はどのような構成になり、いつごろに成立したものなのであろうか。冒頭で記したように新約は二十七の文書からなり、四福音書、使徒行伝、パウロの名の手紙十三、その他の手紙または手紙形式の文書八、ヨハネの黙示録に分けることができる。

全体としては、紀元一世紀の中ごろから二世紀の中ごろの約百年の間に書かれ、場所はだいたい地中海東部の沿岸地帯、パウロの手紙はエーゲ海周辺とみてよい。

このように新約は、旧約と比べればその成立期間が短く、構成も単純だといえる。しかし地域的にははるかに広く、エルサレムからローマに及んでいて広い国際性を有し、当時のさまざまな思想との接触・対応があるので、この面では複雑といわなければならない。

以上のことから新約思想の特徴をとらえれば、普遍主義もしくは世界主義ということである。ただ、民族という意識をつき抜けたかたちの世界的という発想の萌芽はすでに旧約聖書にもある。それも、かなり古い時代からあるといわねばならない。

たとえば、アッシリアの時代ですら、ヤハウェはたんなる民族宗教の神ではない。おのれにそむくイスラエルをこらしめるためにアッシリアを起してこれを罰するという発想が、預言者イザヤにあり、それはすでに民族主義的なワクを越えた発想になっている。日本の天照大神は民族主義的なワクを絶対に越えられず、天照大神が日本をこらすためアメリカを起してこれを打つなどという発想は、もとより、あり得ない。しかしイザヤはすでにそれを越えて、世界的な視野で神と民との関係をみる状態に到達していた。

神が唯一の絶対者であるという発想から出発すれば、選ばれた民イスラエルがなぜ苦しまなければならないかという問題の解決は、世界主義的にとらえるしかない。

旧約聖書のいちばん末尾のマラキ書は非常に民族主義的とみられるが、それですらこの考え方も強く出ている。このマラキは固有名詞ではなく「使者」という意味。書かれ

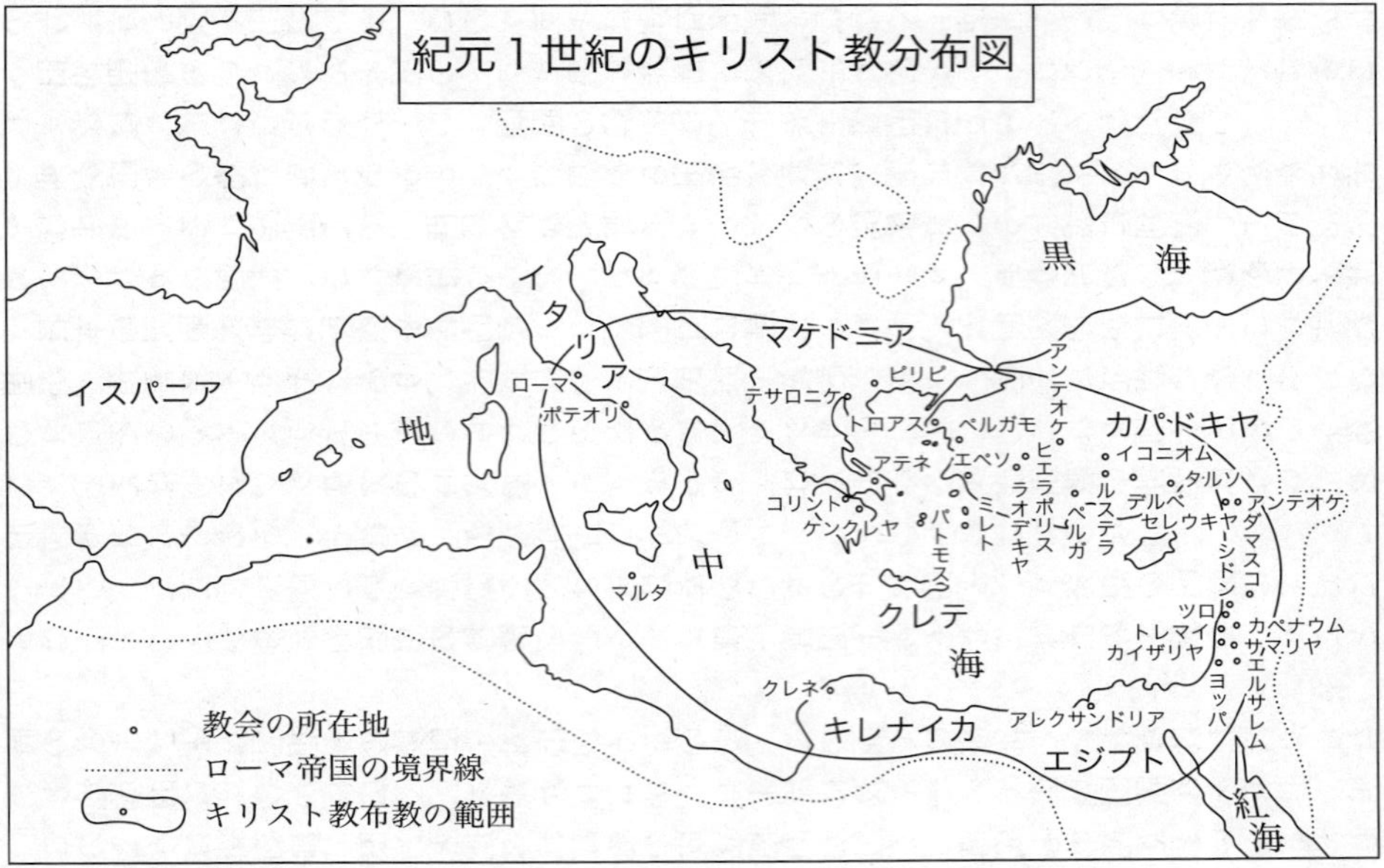
紀元１世紀のキリスト教分布図
イスパニア
地
中
海
イタリア
ローマ
ポテオリ
マルタ
マケドニア
ピリピ
テサロニケ
トロアス
アテネ
コリント
ケンクレヤ
パトモス
ペルガモ
エペソ
ミレト
ラオデキヤ
ヒエラポリス
アンテオケ
ペルガ
ルステラ
イコニオム
デルベ
タルソ
セレウキヤ
アンテオケ
ダマスコ
シドン
ツロ
トレマイ
カイザリヤ
カペナウム
サマリヤ
エルサレム
ヨッパ
カパドキヤ
黒海
クレテ
クレネ
キレナイカ
アレクサンドリア
エジプト
紅海
教会の所在地
ローマ帝国の境界線
キリスト教布教の範囲

った時期は、エズラ以前とみられている。マラキ書には「日の出る所から没する所まで、国々のうちにわが名はあがめられ」ているのにイスラエルでは他国ほどあがめられていない、という意味の言葉がある。

この場合、神という概念はすでにイスラエルだけのものではなく、世界的なものになっており、それでヤハウェはイスラエルよりも他国であがめられている、という言葉になる。

これはすでに普遍主義的発想である。さらに黙示文学のダニエル書などは、その舞台は世界史であり、この考え方は新約とつながっている。旧約の思想は単純に民族主義的ときめつけることはできないのであって、そこには世界の上にある神という発想が芽生えていた。これは捕囚以後のユダヤ人が広い国際性をもち、その住む場所も国際的に広がっていたことにも理由があるであろう。この点、その歴史をほぼ日本列島内ですごしてきた日本人とは対蹠《たいせき》的である。

新約になると、この意識はいっそう強くなる。しかし、当時の世界という概念は、今ほど広いものではない。漠然とエチオピアからペルシアまでは、具体的にまたときには象徴的意味で入っているが、はっきりと世界として意識されているのは、新約時代にはむしろローマ圏であろう。といっても、世界という意識は、決してそれに限定されず地域的な視野が広がるのに従って、広がっている。

旧約の思想を民族主義的に狭くしたのは、むしろラビ・ユダヤ教であろう。新約以前のマカバイ期のころ、言語はヘブライ語であれ、アラム語であれ、ギリシア語であれ、何を用いてもいいという時代もあったのだが、紀元六六年のユダヤ戦争以降、民族的な危機感から、ユダヤ人が国家主義的、民族主義的になっていった。これにはキリスト教との対立も大きく作用しており、そこから、旧約聖書を民族主義的に理解するという傾向が出てきている。

碑文などをみても、イエス時代はギリシア語のものが多いのに、以後になるとアラム語が多くなるという現象がある。たとえばカペナウムの会堂で、アラム語の碑文が古いのかと思うと、紀元四〇〇年ごろのもの。一方、ギリシア語碑文のほうが、それより二百年ぐらい古いというような現象が出てくる。これもユダヤ戦争以後の民族主義への傾斜に原因があるであろう。

ユダヤ人のようにローマと対立せず、逆にこれに浸透していった新約聖書は、旧約の普遍性をさらに進めた。マルコによる福音書に記されているように、「キリストを通して人類のすべてに与えられた救いの契約＝新約」という発想が出てきて不思議ではない。

しかし、普遍主義的であるだけにその思想も表現も複雑であり、そこで、三人の重要な登場人物を通じてこれを眺めてみたいと思う。というのは旧約と違って新約には、イエス、パウロ、ヨハネという主役がおり、すべての記述はこの主役を中心にしているといっても過言ではないからである。

そしてこの三人の中の主役はだれかといえば、それはいうまでもなくイエスである。

イエスの履歴書と死亡証明書

われわれは、就職のときなどに履歴書を提出し、死後には死亡証明書が記される。イエスについて、これを記したらどうなるであろう。

もっとも古い記録マルコによる福音書によれば次のようになると、オックスフォード大学オリエント研究所のヴェルメシュは記している。

〔履歴書〕

名前――イエス
父の名――ヨセフ
母の名――マリア
出生地――記述なし
生年月日――記述なし
居住地――ガリラヤのナザレ
婚姻家族――記述なし

職業――大工《ハーラーシュ》？　巡回の悪霊祓いで説教者

なおこのほかのことをつけ加えれば次のようになるであろう。

学歴――記述なし
職歴――記述なし

〔死亡証明書〕

死亡場所――エルサレム
死亡月日――ローマ総督「ポンテオ・ピラトのもとで」すなわち二十六年と三十六年の間
死因――ローマ総督の命令による十字架刑
埋葬場所――エルサレム

では、記述なしの部分を少し検討してみよう。

イエスの生年月日は紀元元年のクリスマスではない

イエスの生年月日は西暦紀元元年の十二月二十五日、すなわちクリスマスと思っている人が案外に多いかもしれない。

西暦を作ったのは、スクテヤ人の修道僧ディオニシウス・エクシグスである。彼が五三三年に、キリスト紀元のはじまりを確定しようとしたとき、大きな誤りをおかした。紀元前一年と紀元一年の間にゼロ年を挟むことを忘れ、ローマ皇帝アウグストスと次のティベリウス帝との共同統治期間の四年間を見逃してしまった。

そして、イエス誕生の年について、福音書がはっきりとこう記述していることも見逃した。すなわち「イエスがヘロデ王の代《よ》に、ユダヤのベツレヘムでお生れになったとき……」（マタイによる福音書二章一節）。

ヘロデの統治期間は、前述のように、紀元前三七年から前四年で、この年に死んでいるのだから、イエスが生れたのは紀元前四年以前でなければならない。現在では、紀元前六年というのがほぼ定説である。

ではエクシグスは何を基準としたのであろう。彼は、ルカによる福音書の「皇帝ティベリウス在位の第十五年……に神の言《ことば》が荒野《あらの》でザカリヤの子ヨハネ（洗礼者）に臨んだ」。そこでイエスが洗礼をうけ、「宣教をはじめられたのは年およそ三十歳の時」という記述を基にした。

彼は「およそ三十歳」を「ちょうど三十歳」とし、ティベリウス帝の「在位の十五年」をアウグストス帝の死後十五年とみた。こうみるとアウグストス帝の死の十五年前にイエスはゼロ歳だったことになる。

　だが当時の「在位」とはアウグストの称号を付与されたときから計算する。ティベリウス帝はアウグストス帝の死の四年前にアウグストの称号を付与されているから、これを修正すれば紀元前四年になる。そして「およそ三十歳」を三十二、三歳とすると、紀元前六、七年になるが、さまざまな点から、六年がもっとも合理的と思われる。

　さらに十二月二十五日だが、古代ローマでは農業神を祝う祭典サトルナリア祭が十二月十七日から一週間つづき、キリスト教と覇権を争ったミトラス教では太陽神を祝う祭日が十二月二十五日であった。

　この祭日をキリスト教化して「義の太陽」イエス・キリストの誕生を祝う日にしたのが、クリスマスの起源といわれている。

　ルカによる福音書には、イエス誕生の夜、「この地方で羊飼いたちが夜、野宿しながら羊の群れの番をしていた」（二章八節）と記されている。

　現在でもこのあたりは十二月から二月までの三カ月、霜が下り雪が降る寒さで、気象学者によると、この気候は過去二千年間、変化はないという。この季節に霜でおおわれたベツレヘムで家畜を野に出すようなことはしない。このことは、タルムードをみてもわかり、この地方では、家畜を三月に野に出し、十一月のはじめに連れ戻すのが普通である。現在でも、十二月には野に羊は出ていない。

このことから、「羊飼いたちが夜、野宿しながら羊の群れの番をしていた」というイエスの誕生の夜は、十一月以前であらねばならない。

紀元一五〇年ごろ、アレクサンドリアのクレメンスはイエスの生誕を六月ごろと推定している。この推定はおそらく正しいであろう。

イエスが、紀元一年の十二月二十五日に生れたと明記してある文書の、もっとも古いものは紀元三五四年の文書である。それには「キリスト後の第一年、カエサルとパウルスの執政官任期中、主イエス・キリストが十二月二十五日金曜日、新月の第十五日に生れた」と記されている。文書的にはクリスマスの確立はこのころで、イエスの生年月日とは実際は無関係である。

さらに前に記した「星」と「人口調査」だが、この人口調査がヨセフとマリアがベツレヘムに行った理由とされている。また「星」では、紀元前七年の土星と木星の相合が三回起ったことは明らかで、これは、七九四年に一回しか起らない珍しい現象だから、人びとの記憶にこの現象とイエスの生誕が結びついても不思議ではない。さらに民数記には「ヤコブから一つの星が出……」という文章があって、これがイスラエルの救済者とされているから、「イエス―メシア―星」という連想があって不思議ではない。このことは直接の証明にはならないが、紀元六、七年を否定する材料はない。

また出生地も明確でない。多くの学者は「ベツレヘム」で生れたという記述に疑問をもっている。というのは、旧約のミカ書の「しかしベツレヘム・エフラタよ、あなたはユダの民族の中で小さい者だが、イスラエルを治める者があなたの中から、私のために出る」という言葉をイエス生誕の予言として受け取ったためであろうといわれる。しかし、ベツレヘムでないと、積極的に否定できる資料があるわけでもない。

イエスについての聖書以外の記述

以上のような生年月日、出生地の不明は、イエスに関するさまざまな超人的記述と相まってイエス「架空人説」を生み出した。そしてその裏づけとして、イエスに関する記述は、新約聖書以外にはないとよくいわれる。しかし、これは正しくなく、そういう人は、新約時代の史料をよく知らないのだということにすぎない。

すでに何度も紹介したフラウィウス・ヨセフスの『ユダヤ古代誌』には、イエスについて次のように書かれている。

「……このとき、イエスが現われた。もし彼を人間というなら、すぐれて聡明な人間であった。彼は不思議を行い、喜んで真理を受け入れようとする者たちの師であった。彼は自分の下に、ユダヤ人ばかりか、おびただしい異教徒をも引きつけた。彼はメシアであった……」といった内容であり、これを「フラウィウス証言」という。

だがこれは後からのキリスト教徒の挿入ではないかという議論があり、その議論は延々とつづいて、いまだにはっきりした結論は出ていない。

その前後を併せ読んでみた感じでは、その個所を除いてしまっても文章はつながるから、後からキリスト教徒が書き加えたといえないこともないかもしれない。しかしおもしろいことに、逆にユダヤ教の学者にはそうみない人もいて、前述のヴェルメシュなどは、このヨセフスの書き方は、明らかな挿入を除けば、当時のイエスへの見方として、ごく普通のものであるという。

だが、同じ著作にあるイエスの弟ヤコブの殉教に関する記述には、「挿入」の疑いを持つ学者はいない。それは次のような記述である。

「……彼（大祭司アンナス二世）はサンヘドリン（最高法院）の裁判官を召集し、彼らの前にキリストと呼ばれたイエスの兄弟で、ヤコブという名の男とその他の人びとを引き出し、彼らは律法に違反していると告発し、彼らが石打ちの刑に処せられるように引き渡した」

おもしろいことに、この記述は新約聖書にはない。しかしイエスの弟ヤコブはもちろん新約聖書に登場し、さらに重要なことはパウロが手紙で、彼がエルサレムに行ったとき「主の兄弟ヤコブ以外には、ほかのどの使徒にも会わなかった」と記していることである。これは「ガラテヤ人への手紙」だが、この手紙がパウロのものか否かを疑う学者はまったくおらず、「真正性を疑う根拠はまったくない」手紙なのである。

またルカは、エルサレムの母教会の指導者としてのヤコブおよびヤコブとパウロとの関係を記述している。

このように多くの記録があり、しかも同時代の手紙での言及が残っている者を架空とするのは不可能であり、その兄のイエスを架空とすることは、まったく根拠がないといわねばならない。

洗礼者ヨハネについてもヨセフスに記述があり、その処刑が記されている。処刑の年は、ヨセフスの計算だと紀元三六年ぐらいになり、マカイロスで首を切られた、とある。

前記のイエスの弟ヤコブの殉教は、紀元六〇年とされている。神殿の壁から突き落されて死んだ。その場所は、現在も残っており神殿囲壁の東の角ではないか、といわれている。

このほかローマ史家タキトスには、ネロの迫害による殉教者を記した次の記述がある。「それは日ごろから忌わしい行為で世人から嫌われ憎まれ『クリストゥスの信者』と呼ばれていた者たちである。この一派の呼び名となったクリストゥスなる者は、ティベリウス帝の治世に、元首の官吏ポンテオ・ピラトによって処刑された」と。これはおそらく、ローマ側の史料によるであろう。

いずれにせよ、新約聖書以外に記述がないという言葉には根拠はない。

新約聖書から「イエス伝」をつくることは可能か

では、前記の履歴書の「記述なし」は別として、新約聖書の中から、イエス像を抽出して「イエス伝」ができるであろうか。これができそうにみえて、実は、不可能と思われるぐらいむずかしいのである。

というのは、イエス自身は何も書いたものを残さず――パウロは残しているが――イエスの直弟子で、その言葉や行動を記録した者もいないからである。ただそれらは語られて、筆記され、語録とされた。学者はこれをQ資料と呼ぶ。さらに思い出を直接に筆記させたと思われるのがマルコによる福音書で、これはペテロの口述をマルコが筆記したと思われる。

一五〇年ごろのヒエラポリスの監督パピアスは「長老は次のように語るのを常とした。マルコはペテロの通訳者となり、そして主によって語られ、またなされた事柄を、順序を追ってではないが、彼が記憶した限りにおいて正確に記した」と記している。

そしてマタイとルカの福音書は、このマルコによる福音書とQ資料と、またそれから独立の別の資料に基づいて、それぞれの福音書を記したものと思われる。

著作には著作の目的がある。そして福音書の著作たちは、「イエス伝」を書いたのでなく、イエスがキリストであることを論証し、かつ宣教するのが目的であった。したがってその像は「史的」でなく、記されているのは「宣教《ケリュグマ》のイエス」なのである。

これが、「史的イエス」の像を再構成することを非常にむずかしくしている。

さらに、読者対象が違うという問題がある。ルカはその福音書の冒頭で明記しているように、テオピロというローマ人に理解させようとして書いた。一方マタイは、教会《エクレシア》という共同体を念頭においており、その基本は五つの説教で、その間をマルコ資料の順に従って物語資料でつなぐというかたちになっている。

また、後述するように、「キリスト」という概念は、彼らが創作したのではなく、旧約以来の伝統に基づいて形成された複雑な総合的な概念であり、その概念のそれぞれがイエスに託されているので、これが「史的イエス」像の抽出をさらにむずかしくしている。学者の中には不可能だという人もいる。

だが前記のヴェルメシュは、これに対して非常におもしろい方法をみいだした。それは新約聖書以外の文書から、その描写がイエスに似ているほぼ同時代のガリラヤ人のラビを探し出して、これとイエスとを対比することによって、その基本的な像を描き出そうという方法である。

イエスに似た人物の同時代の記録

「見よ、私はきょうもあすも、悪霊を追い出し、また、病気をいやし……」（ルカによる福音書十三章三十二節）「丈夫な人には医者はいらない。いるのは病人である。私が来

たのは、義人を招くためでなく、罪人を招くためである」（マルコによる福音書二章十七節）

これらの言葉に示されるイエスの基本的性格は福音書に共通している。このイエスの働きは（一）肉体の病気をいやすこと、（二）悪霊につかれたものの悪霊祓いをすること、（三）罪ある人に罪の赦しを与えることになる。

そして当時の考え方ではこの三つは関連をもっていた。というのは、イエスの時代には、悪霊は罪の源だけでなく、病気の源とも信じられていたからである。これはイランの宗教がユダヤ人の宗教思想に与えた影響であるともいわれる。

そしてイエス時代のユダヤ教には二系統のラビがいた。一つは、律法的ラビであり、その性格はいまの言葉でいえば法律学者に近い。そしてもう一つが、カリスマ的ラビで、イエスについて記されていることは、基本的にはカリスマ的ラビのことである。当時はカリスマ的ユダヤ教もまた、律法的ユダヤ教とともに併存していたが、後にこれはユダヤ教の伝統から消えてしまった。

カリスマ的ユダヤ教は決して主流ではなく、同時にガリラヤ派もまた主流ではなかった。タルムードにはガリラヤ人への差別の言葉が多く記されており、またカリスマ的ラビは、律法的ラビより一段と低い者のように扱われている。

これが、おそらくイエスの置かれた社会的位置であり、彼が身を置いたのは明らかにガリラヤ人のカリスマ的ラビである。このイエスと、同じような立場にある「新約聖書に登場しない」人物を探すと、それはタルムードに記されているラビ・ハニナ・ベン・ドーザなのである。

前記のヴェルメシュは、ラビ・ハニナは紀元七〇年以前に活躍したと推定している。こういうのはその記述では、ユダヤ戦争を思わせるものがまったくないからである。こうみてくると、イエスとハニナは、同じ世紀、同じガリラヤ人で、同じカリスマ的ユダヤ教の系統で、同じような悪霊祓い、病気のいやしを行なっており、両者への記述は確かに類似したものが多い。

前記のヴェルメシュはその多くを列挙しているが、次に二例だけを紹介しよう。イエスが百人隊長のしもべを、遠くにいていやされた話はマタイ、ルカ、ヨハネによる福音書に出てくるが、ハニナにも同じような、次の話がある。

ユダヤ教団の長ヨハナン・ベン・ザッカイの息子が病気になったとき、彼は若いハニナに次のようにいった。『わが子ハニナよ、私の息子が生きるように祈ってくれ』ハニナは自分の頭を自分の膝の間に入れて祈った（この姿勢は旧約の伝統に基づく。列王紀上十八章四十二節参照）。すると子は生きた」。ところがヨハナンが同じことをしても「何の答えも与えられなかった」。

そのため、ヨハナンは一時的にせよ権威を失ったので、その妻はハニナをねたんで彼にいった、「ハニナはあなたより偉いのですか」。ヨハナンは答えた、「そうではない。ハニナは王の前のしもべのようなものだが、私は王の前の王子のようなものである」。いわば主流はあくまでも律法的ラビだというのである。

また、パウロの師であったガマリエルの息子の病気をいやした話もある。彼は二人の弟子を、遠く離れたハニナの家に派遣した。ハニナは屋上の部屋で祈って降りてくると、次のようにいった。「『さあ家に帰りなさい。熱はもう彼から去っている』二人の弟子は半信半疑でいった、『あなたは預言者ですか』。ハニナは静かにいった、『私は預言者でも、預言者の子でもない。だがこのことは、私が神の恵みをいただいているしるしである。……』」。そういわれても納得できない二人は、病気がなおったといわれた時間を書き留めて帰り、一部始終をガマリエルに話した。ところがガマリエルはおおいに喜び、賛嘆して、そのとおりだといった。

同じ話はたくさんあるが省略する。いずれにせよ、この点でハニナについて記されていることは霊能的《カリスマ》働きの型を示し、そしてイエスもまた同じ型であることは否定できない。

また、イエスもハニナも、律法や祭儀の問題には関心を示していない。二人ともしばしば律法違反を平気でやっている。富や金銀にまったく興味を示さず、利欲がまったくなく、むしろ積極的に貧しさを楽しむといった点も共通している。そして、両者ともその関心は精神的・道徳的な点に、徹底的に集中しているのである。

以上のことは、同時代の人にとっては、イエスが、カリスマ的ユダヤ教の系統に属する、ガリラヤ出身のカリスマ的ラビであったことを示している。もちろんこのことは、イエスとハニナが、まったく同類の人だということではない。

確かに「イエスの倫理的規定の中には、他のいかなるヘブルの倫理規定に対しても、比較に絶した形態をもった荘重さ、明確さ、そして独創性がある。彼の譬《たとえ》のすばらしい技巧に対しては、これに比肩しうるものはどこにもない」(クラウスナー)といえる。この点ではイエスは確かに独自性をもっており、ラビ・ハニナと同じだとはいえない。

しかし同時にイエスは、当時のユダヤ教という枠組みの中では理解できないといったような存在ではない。彼の姿は、あくまでも、紀元一世紀のガリラヤのカリスマ的ユダヤ教という宗教的背景の中でみて、はじめて正確に把握できるのである。

新約聖書のなかのイエス

前記のように多くの留保を必要とするが、それを考慮に入れつつ、ここで、四福音書に記されているイエスの生涯の跡をたどってみよう。

三十歳のイエス像

三十歳すぎてから公的生涯に入る以前のイエスについては、信頼しうる正確な記録はほとんどないといってよい。前述のようにその履歴書は「生年月日　記述なし。学歴　記述なし。職歴　記述なし」なのである。

しかし、イエスの語った譬話から、彼がどのような生活を体験してきたかは推定できる。すなわち「私のくびきは負いやすい」（マタイによる福音書十一章三十節）こと、目に入る木くずや梁のこと（七章三節）、また家の土台が大切なこと（七章二十五節）、棟梁の技術を経験を通して学ぶこと（十一章二十九節）、建築には資金の計算が必要なこと（ルカによる福音書十四章二十八節）、棟梁と弟子の関係（六章四十節）、これらはイエスが大工であったことを示しているであろう。

また一枚の銀貨で大騒ぎして家中をひっくりかえして探すこと（ルカによる福音書十五章八節）、夜中の来客に出すパンがなく隣に借りに行くこと（十一章五節）、古い着物につぎをあてること（マルコによる福音書二章二十一節）は、おそらく自らの生活経験からでたことで、これはその家が極貧とはいえないまでも、決して富裕でなかったことを示している。

そのイエスは三十歳を少しすぎて、洗礼者ヨハネから洗礼をうけ、神に愛される者として召命をうけ、神のしもべとして仕えて行くべき者としての自覚を生み（マルコによる福音書一章十一節）、家業にもどらず、宣教に乗り出すことになった。これは紀元二八年ごろと推定される。

マルコによる福音書は、イエスが受洗後ただちにユダの荒野でサタンの誘惑をうけたことを記し、Q資料（マタイとルカの四章）は、荒野と高い山と神殿での誘惑を記している。これはイエスの生涯で三つの危機的時期における内的体験を示すもので、一時期に起ったものではあるまい。四十日の断食後の誘惑の主題は、パンの問題であり、民衆救済のためなすべきことは、食を与えることではないかという問いかけである。これに対するイエスの答は有名な「人はパンのみにて生きる者にあらず」で、これは申命記第八章三節の引用である。そしてそれにつづく「神の口を通じて出る一つ一つの言葉で生きる」は、イエスの活動の基本方針の確定であっただろう。

その初期の活動は、ヨハネの洗礼運動の一翼としてなされた（ヨハネによる福音書三章二十二節以下）が、ヨハネの周囲に人びとが集まるのを危険と感じたガリラヤの領主ヘロデ・アンテパスは、彼を捕えて投獄した。そこでイエスはガリラヤに戻り、独自の宣教活動に入ったものと思われる。

その状態をマルコによる福音書を主軸として記すと、次のようになるであろう。

洗礼後のイエスの行動

（一）ヨハネが捕えられて後、イエスはガリラヤに行き、「神の国を宣《の》べ伝えていった、『時は満ちた、神の国は近づいた。悔い改めて罪のゆるしを得よ』」。この言葉を前記のダニエル書との関連で理解すれば、地上の権力者の支配は終末に近づき、神の支配の時が近づいている。そのために各人が準備せよ、ということになる。イエスの真意は別にあったとしても当時の人びとはそう理解したであろう。

（二）「それから彼らはカペナウムに行った。そして安息日（複数）にすぐ、イエスは会堂に入って教えた。人びとは、その教えに驚いた。律法学者たちのようにではなく、権威ある者のように教えたからである。……こうしてイエスのうわさは、……いたる所にひろまった。……夕暮れになり日が沈むと、人びとは病人や悪霊につかれた者をみな、イエスのところへ連れてきた。……イエスはさまざまの病をわずらっている多くの人をいやし、また多くの悪霊を追い出した」

ここに描かれているのは、前記のハニナと非常によく似たカリスマ的ラビの姿である。イエスも彼も、外面的な律法的規定には無関心であり、罪の赦しと病気の治癒とは関連をもっている。

しかしここにすでに問題が現われている。イエスは「権威ある者のように教えた」のであるが、当時は「権威」は旧約聖書にあり、人に許されているのはその敷衍《ふえん》的な解釈と、それに準拠した口伝律法を教えることだけであった。

しかしイエスは平然と「(旧約聖書には) こう記されている。しかし私はこういう」という言葉を口にしている。いわば、旧約聖書の言《ことば》より自分の言《ことば》が権威があるのであって、これは当時は考えられないことであった。否、当時だけでなく、現代でも、イスラム世界でこのようなこと、たとえば「コーランにはこう記されている。しかし私はこういう」と、自分の言《ことば》をコーランより権威あるもののごとくにいうことは許されない。これは新しい正統性《レジティマシイ》の創出になり、伝統的体制の基本をくつがえすことになるからである。

(三)「そして、ガリラヤ全地を巡り歩いて、諸会堂で教えを宣べ伝え、また悪霊を追い出した」。以上のようなことをガリラヤでいえば当然に会堂から追い出されることになるであろう。そこでイエスの宣教の場は、野外にならざるを得なかった。

(四) そこで「イエスが海べに出て行くと、多くの人がみもとに集まってきたので、彼らに教えた」。ついでマルコは、ユダヤ、エルサレム、イドマヤ、ヨルダンの東、ツロ、シドンのあたりからも人びとが来て、大群衆になったと記している。病苦に悩む者が、イエスにふれようと迫ってきたので、イエスは身動きができるように小舟を用意させた。「また、けがれた霊どもはイエスを見るごとに、みまえにひれ伏し、叫んでいった、『あなたこそ神の子です』」

この描写はおおげさに思われやすいが、必ずしもそうはいえない。当時はすべての人がローマの圧政に苦しみ、この「時」の終末を待ち望み、救済者の出現を期待していた。他の人が起した同じような状態は、聖書にも同時代の他の資料にも出てくる。同時に、ローマおよび支配階級にとっては、これはつねに警戒すべき事態の前兆であった。とくにガリラヤでは、ユダの乱(紀元六年)、預言者と称したチウダの乱(紀元四四年?)などがあり、過激派の巣であったから警戒されていた。また四千人の群衆をつれて反乱を起したエジプト出のユダヤ人のことが使徒行伝に出てくる。

(五)「さてイエスは山に登り、みこころにかなった者たちを呼び寄せたので、彼らはみもとに来た。そこで十二人をお立てになった」。ヨハネによる福音書には、「イエスは人びとが来て自分をとらえて王にしようとしていると知って、ただひとり、また山に退かれた」とあるが、おそらくこれがその理由であろう。

これが群衆を失望させた。ヨハネによる福音書は「それ以来、多くの弟子たちは去っていって、もはやイエスと行動を共にしなかった」と記している。無理もない。彼らは、いまの体制の終末が近づき「神の国（支配）は近づいた」という言葉をイエスから聞いており、それをいまの圧政からの解放と受けとっていたからである。

同時にイエスをカリスマ的ラビとみていたから、彼には体制変革の奇蹟が行えると信じて不思議ではなかった。というのは、このカリスマ的ラビの祖ともいえるホニについて次のような記述がタルムードにあるからである。

マカバイ朝のヒルカノス二世とアリストブロス二世のとき、激烈な政争があった。ホニはこの政争にまきこまれないように隠れていたのだが、ヒルカノスの家来たちに探し出され、「アリストブロスに呪いがかかるように祈ってくれ」とたのまれた。彼らは、ホニが祈れば何でも成就すると信じていたからである。

ホニはそれを断わり、さまざまに釈明したが、暴徒たちは無理矢理彼に呪いをいわせようとした。そこで彼はみなの中に立っていった。

「宇宙にいます神よ、私のそばに立っているこれらの男たちはあなたの民であり、攻撃を仕掛けられている人たちはあなたの司祭です。私はあなたにお願いします。彼らのいうことを聞いて、この司祭たちを苦しめないでください。またこの司祭たちが、あなたにしてくださいと願ったことを、相手のものたちに起らないようにしてください」と。このようなホニの中立的立場に怒った群衆は、石を投げてホニを殺してしまった。

（六）この物語には、イエスへの群衆の失望と彼の死とに、相通ずるものがある。イエスもまた民衆が期待した人物ではなかった。しかし多くの人が集まったことが、領主へロデ・アンテパスを警戒させた。イエスに好意をもつものがこれをイエスにつげ、ガリラヤを去るようにいった。これに対してイエスは次のようにいった。

「あの狐（ヘロデ・アンテパス）のところへ行ってこういえ、『見よ、私は今日も明日も悪霊を追い出し、また病気をいやし、なおしばらくはガリラヤで私のわざをつづけるが、数日後にここを立ち去るであろう。私は進んで行かねばならない。預言者がエルサレム以外の地で死ぬことはあり得ない』」（ルカによる福音書十三章三十三節以下）。いわばイエスはこのとき、エルサレムの宗教家たちとの対決を決意していた。

（七）こうしてイエスはガリラヤの湖岸から、北部の、人目につかない山岳地帯に入った。ここで弟子たちを訓練してガリラヤの各地に送った。彼らはおおいに働き、悪霊を追い出し、病人をいやして意気揚々と帰って来た（マルコによる福音書六章十二～十三節・三十節）。ここでイエスはさらに北上し、ツロの地へ行った。このときイエスは弟子たちに「人びとは、私を、だれといっているか」とたずねた。ある者は「洗礼者ヨハネのよみがえり」だといい、またある者は「エリヤの再来だ」といい、また「預言者の一人だ」という者もいた。そこでイエスは弟子たちにお前たちはどう思うかとたずねた。これに対してペテロは「あなたこそメシア（=キリスト）です」と答えた。イエスは喜んだ。しかし「自分のことをだれにもいってはいけない」（八章三十節）といった。民衆はメシアを、ユダヤをローマから解放して繁栄をもたらしてくれる王と信じていたからである。やがてイエスは弟子たちに「人の子は必ず多くの苦しみを受ける」といった。弟子たちも驚いた。イエスは弟子を叱り、三人の弟子だけをつれて山に登った。イエスはここで祈り、その変貌に弟子たちは驚いた。

（八）そこからイエスの一行はユダヤに向けて出発した。イエスのユダヤでの活動は、ヨハネによる福音書では二回の過越の祭りにまたがる約一年間と見ることもできる。しかしこの確定はむずかしい。この間イエスは宮の中で、ベテスダの池で、時には路上で説教をした。従う人もいたが反発も起った。「多くの人びとは、その行われたしるしを見て、イエスの名を信じた」（ヨハネによる福音書二章二十三節）、「ユダヤ人たちは……イエスを殺そうと計るようになった」（五章十八節）、「イエスを捕えようと計ったが、だれひとり手をかける者はなかった」（七章三十節・四十四節）、「石をとってイエスに投げつけようとした」（八章五十九節）、「イエスを捕えようとしたが……のがれて、去って行かれた」（十章三十九節）、「この日からイエスを殺そうと相談した」（十一章五十三節）等はその間の事情を示しているであろう。

(九) イエスの受難と死は、詳しく聖書に記されているので、その概略は、相当に正確につかめる。それは紀元三〇年四月二日にはじまる。アンニ・ジョベール女史の整理した日程表に従うと次のようになるであろう。

四月二日　日曜日

イエスはまずベタニヤの村に入り、そこから行列をつくってエルサレムの神殿に入った。「イエスがエルサレムに入って行かれたとき町中がこぞって騒ぎ立ち『これは、いったい、どなただろう』といった。そこで群衆は『この人はガリラヤのナザレから出た預言者イエスである』といった。イエスは群がる人たちに語り、エルサレムの指導者たちと激しく論争して、夜はベタニヤに帰った」(ヨハネによる福音書十二章一〜八節・十二節、マルコによる福音書十一章一節)

四月三日　月曜日

イエスはまたエルサレムに行き、ベタニヤへ帰った(マルコによる福音書十一章十一節以下)。

四月四日　火曜日

イエスはエルサレムへ入り、最後の晩餐を祝った。

「……一同が席について食事をしているとき(イエスは)いわれた、『特にあなたがたにいっておくが、あなたがたの中のひとりで、私と一緒に食事をしている者が、私を裏

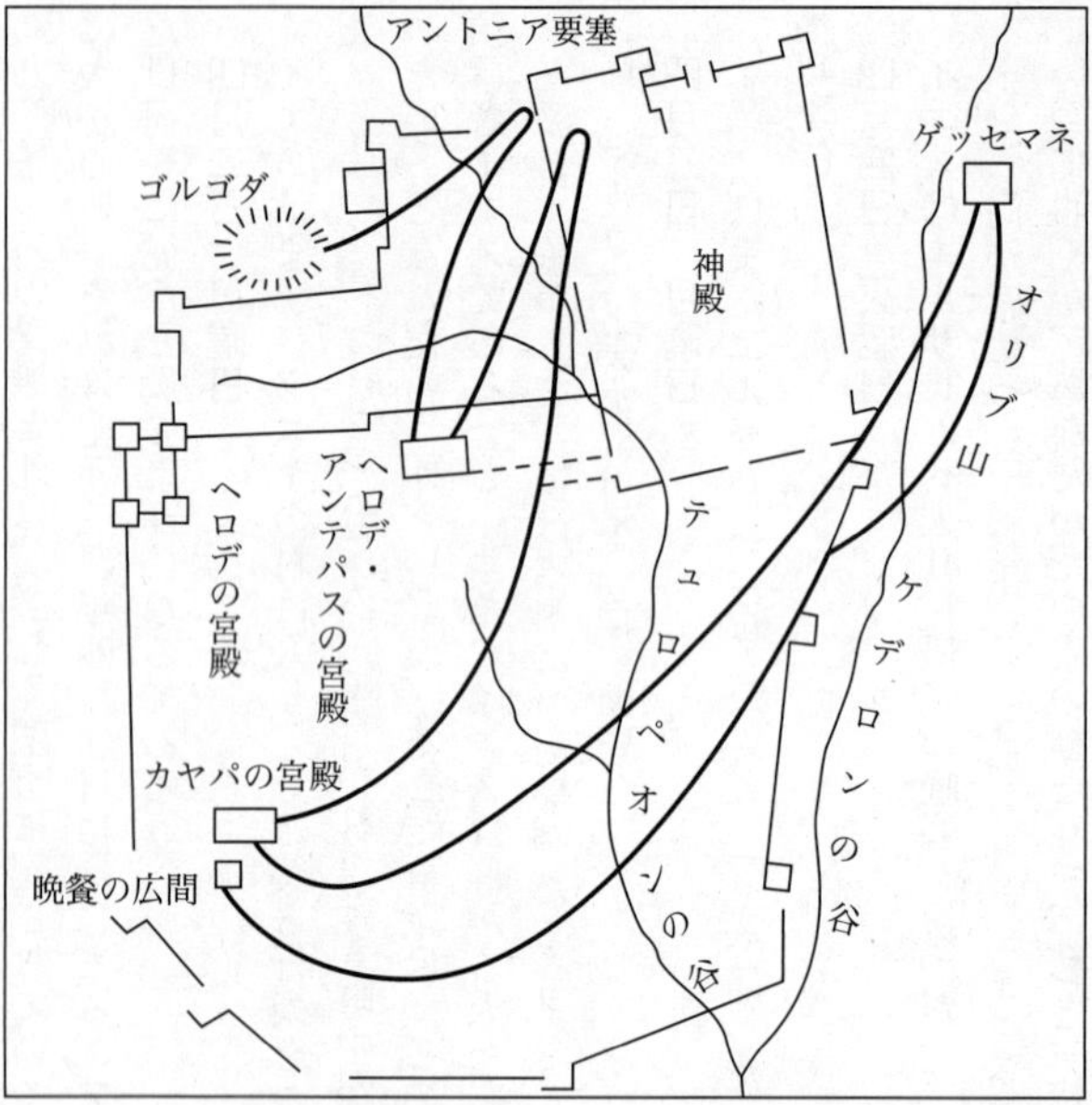

最後の晩餐からゴルゴダへのイエスの道

切ろうとしている』……』「一同が食事をしているとき、イエスはパンを取り、祝福してこれをさき、弟子たちに与えていわれた、『取れ、これは私のからだである』。また杯を取り、感謝して彼らに与えられると、一同はその杯から飲んだ。イエスはまたいわれた、『これは、多くの人のために流すわたしの契約の血である』……」（マルコによる福音書十四章十七節以下）

イエスはそこからオリ

ブ山へ行き、ゲッセマネという所で祈り、ついでに弟子たちに話しかけた。「イエスがまだ話しておられるうちに十二弟子のひとりのユダが進みよって来た。また祭司長、律法学者、長老たちから送られた群衆も、剣と棒とを持って彼について来た。イエスを裏切る者は、あらかじめ彼らに合図しておいた。『わたしの接吻する者が、その人だ。その人をつかまえて、まちがいなく引っぱって行け』」（十四章四十三節以下）

イエスは捕縛され、まず大祭司アンナスのもとへ引き立てられ、ここで尋問された（ヨハネによる福音書十八章十九節以下）。そこへしのび込んだペテロが、問いつめられてイエスの弟子であることを否定し（十八章十三節以下）、イエスは祭司長カヤパのもとへ送られた（十八章二十一節以下）。

四月五日　水曜日

朝、祭司長らの最初の裁判。

四月六日　木曜日

早朝、祭司長らの第二の裁判とイエスに対する死刑の判決、総督ピラトに引きわたされる（マルコによる福音書十五章一節以下）。ついでイエスはヘロデ・アンテパスの前につれ出される（ルカによる福音書二十三章七節以下）。

四月七日　金曜日

ピラトの前での第二の尋問。「ピラトは、祭司長たちと役人たちと民衆とを、呼び集めていった、『おまえたちは、この人を民衆を惑わすものとして、わたしのところへ連れてきたので、おまえたちの面前でしらべたが、訴え出ているような罪は、この人に少しもみとめられなかった。ヘロデ（・アンテパス）もまたみとめなかった。現に彼はイエスをわれわれに送りかえしてきた。だから、彼をむち打ってから、ゆるしてやることにしよう』。ところが彼らはいっせいに叫んでいった、『その人を殺せ、バラバをゆるしてくれ』。このバラバは、都で起った暴動と殺人とのかどで、獄に投じられていた者である」（ルカによる福音書二十三章十三節以下）

ついでイエスのむち打ち、茨《いばら》の戴冠、死刑の宣告（マルコによる福音書十五章十五節以下）があって、九時にイエスは十字架につけられる（十五章二十五節）。そして、アリマタヤのヨセフがイエスの遺体をうけとり、日没前にこれを埋葬した（十五章四十二節以下）。

四月八日　土曜日（安息日）

四月九日　日曜日

三人の女がイエスに香料を塗るため墓に出かける。ところが墓石はすでに動かされていた。

墓の中に入ると、右手にまっ白な長い衣を着た若者がすわっているのを見て、非常に驚いた。するとこの若者はイエスは復活してガリラヤに行ったといった。「女たちはおののき恐れながら、墓から出て逃げ去った。そして人には何もいわなかった。恐ろしかったからである」（マルコによる福音書十六章八節）

マルコによる福音書の記事は、以上の「空虚の墓」の記述で、唐突に終っている。現代の聖書にはそのあとに復活についての短い記述がカッコつきであるが、これは後人の加筆である。いったいなぜ、このようなかたちで終っているのか、さまざまな説があるが明らかではない。

イエスはなぜ殺されたか

聖書と当時の史料を読んでいくと、イエスがなぜ処刑されたかは、一種の謎として残る。パウル・ヴィンテルは、「この裁判が事実なら、そして、聖書の記述の食い違いや矛盾を調整してその記録を明確に再現できるなら、そこにある唯一の正当な結論は、最高法院《サンヘドリン》が、律法の中のあらゆる規定を破るように行動した、といえるだけである」と記している。一言でいえば不当な裁判であったということである。

事実、この裁判には、だれが判決を下したかわからない点がある。ローマ人は自治を認めていたから、最高法院はその判決をローマ総督に認証してもらえばよかったはずである。彼らは、それを求めたようでもあるし、また事件をピラトの法廷に移したとき、たんに判決の確定を求めたのでなく、ローマ総督の前に新たに告発したようにもみえる。

この混乱はさまざまに説明できるが、ちょうどこのころ、ローマは、処刑する権利をユダヤ人から取り上げたので、過渡期的な混乱であったとみることもできる。すなわち自己の法廷ではイエスを一種の瀆神《とくしん》罪として裁いているが、ピラトの前では、ユダヤの王を詐称した政治的煽動家として告発している。そして処刑が、ローマ式の十字架刑であっても、ユダヤ式の石打ちでなかったことは、彼が、ユダヤの宗教上の罪を問われたのでなく、ローマの世俗的な政治上の罪、すなわち一種の政治犯として処刑されたことを示している。

ではいったい、この事件の背後にあったものは何であろうか。もちろん、当時の社会情勢その他の複雑な要素はあるであろう。しかし基本に立ち戻ってみれば、それは以下のような体制とイエスとの衝突であったといえるであろう。

律法主義あるいはトーラー体制というものを徹底させていくと、トーラーこそ絶対であり、律法の細かな注解のうちに神の意志はすべて尽されているのだから、もうこれ以上、神から、だれかを通じての直接的な意思表示はないことになる。

こうなると、トーラー的発想とイエスとは両立しない。イエスという人格を通して神が直接語りかけるということは、必要でないし、あり得ない。もし、ありうるといってしまえば、トーラー絶対の体制は崩れることになる。さらにイエスは、カリスマ的ラビとして律法の規定に無関心であったし、それを否定するようなかたちで「権威あるもの」のように語っている。

現代でも中東の社会におけるいちばん大きな問題は、宗教法体制の固定化にあると思われるが、これとトーラー的発想の伝統とは深い関連がある。

前に、旧約聖書には大きく分けて律法と預言の二つの流れがあり、律法の伝統を守るのがユダヤ教的、預言の精神を継承しているのがキリスト教的とのべた。もちろん、簡単にこう要約すれば問題はあるが、一応そう理解すれば、特徴がつかめる。

預言と律法とは、相対立するものではなく、律法で固定化された人と神との関係に預言は「歴史」という発想から契約更改の契機を与え、同時に活力を取り戻させる。すなわち神と人との関係を、人を拘束する律法だけではなく、それを越えて直接的に結びつける、つまり、神の直接的なことばは律法を通じなくてもある、とする立場になければ、預言という考え方は出てこない。

まさしく「神のことば」として現われたイエスが、当時の律法体制、律法絶対主義と対立したのは当然である。個々のイエスの教えには、パリサイ派はとくに反対する要素はないはずだが、律法遵守のみとするか否かではパリサイ派と徹底的に対立する。対立するから、この面でのイエスの批判攻撃もまた手きびしい。

「偽善な律法学者、パリサイ人たちよ。あなたたちはわざわいである。はっか、いのんど、クミンなどの薬味の十分の一を宮に納めておりながら、律法の中でもっとも重要な公平とあわれみと忠実を見のがしている」。これが彼らに対するイエスの言葉である（マタイによる福音書二十三章二十三節）。

前述のようにイエスは、エルサレム神殿の祭司長や律法学者、パリサイ人たちの策動によって捕えられ、最終的には総督ピラトの裁きを受けて政治犯として十字架にかけられて殺された。

だが裁判を行なった総督ピラト自身は、イエスになんらローマ帝国に危害を及ぼすような意図を発見できなかった。十字架刑の判決は、民衆の声に動かされたものであり、その民衆を煽動したのが、祭司長、律法学者、パリサイ人であったことは、福音書を読めばわかる。

ではローマ総督ともあろうものが、なぜこのように群衆を恐れたのか。これは彼の位置が非常に不安定だったからである。当時のローマも一種の派閥政治であり、彼は皇帝側近のセヤヌスの系統の人であったが、このセヤヌスの位置は危くなっており、紀元三一年に処刑されている。

またローマは、現地の住民のごたごたにローマがまき込まれることを非常に嫌っており、暴動を起させるような者は、総督としての資格なしとして罷免された。これが官僚の弱い点であろう。

彼としてみれば、一人が処刑されてそれで平穏が保てるなら、その方をとるのが当然であったし、この点ではカヤパをはじめとする支配階級とも一致していた。

　ということは、判決を下したのがピラトであっても、実際にこの裁判を進行させてイエスの処刑へと事を進めていったのは、トーラー体制であり、固定化した律法絶対主義と現実の治安であった。トーラー体制と律法絶対主義と社会不安が、それに対して、あくまでも神と人とに直接的結びつきを求めたイエスの存在を許さなかったといえるであろう。

律法を無視したイエスの裁判

　前述のようにイエスの裁判の執行者が、形式的にはローマ、実質的にはユダヤ人トーラー体制派という奇妙な状態なのだが、この問題をユダヤ人側にかぎってみれば、どういうことになるであろうか。

　当時、ユダヤ人は死刑の判決を下すことを非常に嫌っていた。大祭司を議長とする七十人からなる議会、サンヘドリンがはじまって以来、紀元一三五年にユダヤ人の第二の反乱が鎮圧されて、これがなくなるまで、処刑されたのは七人を数えるだけだったという。

　これを伝えるラビ・アキバが、「七人でも多すぎる。私ならゼロにしただろう」といっているくらいで、それほど死刑を嫌い、その判決を下すのには慎重をきわめた。

多数決といっても一票差では処刑は決められず、あくまで二票差以上でなければならない。それもその場で即決というのではなく、一晩おいて、翌日もう一度投票をやり直す。こういう規定が、ミシュナの中で裁判を扱った「サンヘドリン編」に細かく記されている。

いよいよ処刑というときにも、処刑場から最高法院《サンヘドリン》へ、白い布を持った使者を立てる。そして、もし最高法院《サンヘドリン》に対して再審の要求があった場合は、その白い布を持って処刑場に駆けつける、というように、最後までなるべく死刑が避けられるようになっていた。

律法のこれらの規定から見ると、イエスの裁判はまったく不思議であり、捕えられたその夜から翌朝までのうちに、最高法院《サンヘドリン》であわただしく裁判が行われ、ローマ総督ピラトのもとに送られている。異常なほど急いで行わねばならぬ理由があったものと思われるが、おそらくそれは、気の変りやすい民衆の動向であったろう。

最高法院《サンヘドリン》の裁判には、弁護人、検事はいない。告発人が検事を兼ね、証人が弁護人のような役割をする。告発人は刑の執行の責任者にもなるのだから、大変な仕事である。告発人は最初に、告発する内容がいっさい伝聞でないことを宣誓しなければならない。

この点は実にきびしい。

また、もし偽証によって死刑の判決を下し、それが明らかになった場合は、偽証者がその罪を負う、つまり死刑の判決は自動的にその偽証者に対するものになるという規定がある。

イエスの裁判における証言というのは、四福音書にそれぞれ書かれているが、どれも伝聞であり、「サンヘドリン編」はこれを証拠として取り上げることを禁じている。したがって決め手がないのである。

結局、マルコによる福音書によれば、「おまえはキリストか」という大祭司の問いに、イエスが「私がそれである。あなたたちは人の子が力ある者の右に座し、天の雲に乗って来るのを見るだろう」と答えると、大祭司は衣を引き裂き「どうして、これ以上、証人の必要があろう。この汚し言を聞いたか。どう思うか」と全議員の意見を求め、死刑と断定したことになっている（十四章六十一〜六十四節）。いわばこれがイエスの唯一の直接証言なのである。

ではこの言葉が本当に当時の律法で神冒瀆すなわち瀆神罪になるのであろうか。ミシユナによれば「神聖四文字」すなわち「ＪＨＷＨ《ヤハウエ》」の誤用だけが瀆神罪になるのであって、イエスの言葉は「現に知らされているユダヤの律法、聖書にあるもの、聖書以後のもの、そのどれに照らしても、瀆神罪にふれると解釈することはできない」とヴェルメシュは述べている。

これらの点からみれば、イエスの死刑そのものが、律法主義すなわち律法によって義が確立するという主張を自ら否定していることになろう。というのは、これを行なった人たちは、律法体制を護持する者と自負していた人たちなのだから——。

キリストとは何か――メシア、人の子、神の子、主

イエスとは平凡な名前である

前にも記したように新約聖書に記されているのは、「イエス伝」ではない。「イエスはキリストである」という宣教であり、その証言である。ではいったい「キリスト」とは何なのであろう。イエスは「主」「メシア」「人の子」「神の子」などと呼ばれている。これらは、何を意味しているのであろうか。複雑な新約聖書を説明するに当って、以上のキー・ワードから記していきたいと思う。

イエス・キリストという言葉は誤解されるらしく、「姓はキリスト、名はイエス」と誤解しているらしい記述もある。昔の多くの日本人には「姓」がなかったように、イエス時代のユダヤ人にも「姓」はなく、多くの人は、「だれだれの子」「どこどこの出身の」といういい方をした。

たとえば、紀元六六年のユダヤ戦争の指導者エレアザル・ベン・ヤイールも、シモン・バル・ギオラも、それぞれ「ヤイールの子エレアザル」「ギオラの子シモン」の意味である。「ベン」はヘブライ語、「バル」はアラム語だがいずれも「息子」の意味。「ギスカラのヨハネ」の場合の「ギスカラ」は出身地である。同じようにイエスは、「ナザレのイエス」と呼ばれており、これは当時のごく普通の呼び方である。イエスは決して珍しい名でなく、ごく普通の名であり、同名の大祭司もいた。

したがってキリストとは、もちろん彼の名でも姓でもなく、また彼にだけ付された称号でもない。ではいったい「キリスト」とは何で、何を意味する言葉なのであろうか。

この問いに対して、キリスト教世界はさまざまな「キリスト論」で答えるであろう。しかしここでは、これらを一応除外して、新約聖書までの「キリスト」という言葉を調べてみよう。これはそれ以後の、キリスト教時代の「キリスト論」とは、一応、別のものと考えてよい。

キリストには三つの意味がある

キリストというのは日本語で、英語ではクライスト、また新約聖書の言葉すなわちギリシア語ではクリーストスである。

ギリシア語のクリーストスはクリオーという動詞から出た言葉で、クリオーは「塗油する」という意味。ヘブライ語のマーシア、アラム語のメシアすなわち「油そそがれた者」という言葉の訳語である。元来は「メシア」と「キリスト」は同義語である。

この言葉は決して新約聖書にいきなり登場するわけではない。七十人訳すなわち旧約聖書のギリシア語古代訳を見るとヘブライ語マーシアのところが全部クリーストスになっている。この場合のクリーストス（キリスト）はもちろん普通名詞であって、七十人訳には、約四十カ所、出てきており特別な固有名詞として使われてはいない。

たとえば、レビ記の第四章五節を見てみよう。「油そそがれた祭司」という言葉があり、これは日本語の聖書で読めばなんでもないが、七十人訳では「ホ・ヒエロス・ホ・クリーストス」、そのまま訳せば「祭司キリスト」あるいは「キリスト祭司」になる。キリストという言葉は、こういうふうに使われている。

同じようにサムエル記上の第二十四章六節「主が油をそそがれたわが君」は、七十人訳だとクリーストス・キュリオス。キュリオスは「主」だから「主キリスト」ということになる。新約聖書では、このキュリオスを使って「主イエス」といういい方がされている。

これがさらにイザヤ書の第四十五章一節になると、外国人にまでこのクリーストスが用いられている。「わたしはわが受膏者クロスの右の手をとって……」の「受膏者」とは、「トゥ・クリストゥム」であって、直訳すれば「わがキリストのクロス」である。

クロスというのはペルシアの王キュロスで、イスラエルをバビロンの捕囚から解放した人だが、いずれにしても、イスラエルの王でなく外国の王に対して、キリストという言葉を使っている。

以上の三例を整理すると、旧約聖書ではメシア（油そそがれた者）すなわちキリストという言葉は、第一に祭司に対して用いられている。

つぎに、イスラエルの王に対して。サムエル記上第十章一節には、預言者サムエルがイスラエル最初の王サウルの頭に油をそそぎ、「主はあなたに油をそそいでイスラエルの君とされた」と記されている。サウルに代ったダビデの場合も同じである（サムエル記上十六章十三節）。

解放者としてイスラエルを救ってくれたペルシアの王に対して使われているのが、イザヤ書第四十五章の例、そこではメシア（＝キリスト）は、イスラエルの王である必要はない。ペルシアの王でもかまわない。

これはメシアへの普遍主義といえ、この場合は「解放者・救済者」の意味を持つであろう。

これらが旧約に出てくるメシア（＝キリスト）の用例であり、そこに出てくるのは「祭司」「王」「救済者」である。だがこれらには新約のメシアのような意義は付されておらず、これらが一つに結実して、強力な一個のイメージになってくるのは、新約時代のはじまる少し前だと思われる。

紀元前六三年、ポンペイウスによりエルサレムは攻略された、この屈辱的な事件の直後の著作と思われる「ソロモンの詩篇」には、次のように記されている。

主よ、ごらんください。彼らの間にダビデの子なる王を立ててください。
神よ、かえりみて、この王にあなたの僕《しもべ》のイスラエルを治めさせてください。
彼は知恵と義とをもって、罪人らを嗣業から追放し、
罪人らの誇りを陶器師の器《うつわ》ものを砕くように打ちくだく、
鉄の杖をもって彼らをことごとく粉砕し、
その口の言葉をもって、神を信じない諸国民をほろぼす。
彼が叱咤すると諸国民は逃げ去り、
彼は罪人らを、その心の思いのゆえに責める。
彼は聖なる民をあつめ、善をもって導き、
主なる神に聖められた民の諸部族をさばく。
………
彼は神に教えられる正しき王として彼らに臨む、
彼の世には民の中に不義な者はなく、

すべての者はきよくなり主の受膏者を王となす。

この受膏者（＝メシア＝キリスト）のイメージは、イスラエルを敵より解放し、エルサレムから異邦人を一掃してこれを清め、不義なる支配者を滅ぼし、罪人を一掃し、神を信じない国民を滅ぼし、正しき王として民に臨む、メシアとしての王なる者の像である。

このメシア像は、イエス時代にもそれ以後にも強く保持されていた。紀元一三二年の第二ユダヤ叛乱の指導者バル・コホバ（シメオン・ベン・コシバ）は、ラビ・アキバによって、このようなメシアと宣言された。タルムードには次のように記されている。「ラビ・アキバは『一つの星がヤコブから出てきた』という聖句を、『〔コシバ〕がヤコブから出てきた』と解釈した。ラビ・アキバがバル〔・コシバ〕を見たとき、『この人は王なるメシアである』といった」と。

これが当時の通念であり、メシアという言葉を聞けば当時の人は当然のこととして、その者はダビデ系の救済者で、自分の前に、武人的剛勇と正義と神聖さ等の才能を併せ持った人間が現われることを期待した。

イエスはキリストではない？

この像は新約聖書のメシア像と違ったものである。この点では「イエスの生涯と活動が、伝統的なメシア思想に照らしてみれば、すこしもメシア的ではなかったという点については、共観福音書の伝承は何の疑いも許さない」といえる。ではイエスは、自分はメシアだと他に向って宣言したことがあるであろうか。

すべての学者は、聖書にその例はないという。あると主張する者も、イエスが自らをメシアだといったとの伝統的な見解は、せいぜい付随的な証拠に基づいていることを、認めないものはない。

ところが興味深いのはイエスの敵が、彼はメシアと自称したといい、「王を僭称《せんしょう》する者」としてローマ総督にひきわたしていることである。

ピラトはイエスのことを「ユダヤ人の王」とか「おまえたちがユダヤ人の王と呼んでいるあの人」とか「キリスト（＝メシア）といわれるイエス」といっている。また兵隊、祭司長、律法学者もイエスに向って、「ユダヤ人の王」「イスラエルの王」「イスラエルの王キリスト」「あなたはキリストではないか」等々といっている。

これ以外に、イエスをメシアとか、神の子とかいっているのは、悪霊である。この二つ以外には「メシア論争」があったとは、どこにも記されていない。

いうまでもなく、イエスを告発した側の「メシア＝キリスト」像は、後年のバル・コホバを思わせるローマにとって、もっとも危険な人物である。したがって、政治犯としてイエスを告発する場合には、これがもっとも便利だったということであろう。

彼らから見れば、イエスは危険なガリラヤ人で、これらの偏見と、群衆が彼をダビデの子と呼んだことに、何やら暴動でも起しそうな気配を感じたのであろう。前述のように律法を守り、社会の秩序を維持することを第一に考える人たちにとって、「メシア＝ローマへの反逆者」という図式で、そのレッテルをはるのが、イエスを処分してしまう一番簡単な方法であった。

この点、非常に問題なのは、長老、祭司長、律法学者たちのイエスへの訊問の次の問いである。

「あなたがキリスト（＝メシア）なら、そういってもらいたい」

「私がいっても、あなたがたは信じないであろう……」

「では、あなたは神の子なのか」

「あなたがたのいうとおりである」という問答である。だがこの最後の言葉は、「私がそれだというのは、あなたである」が、もっとも原文に忠実な訳である。この場合の「神の子」とは何を意味するかは後述するとして先へ進もう。

このいい方を「あなたがたのいうとおりである」と解釈するのは、伝統的な解釈だが、一世紀のいい方では、むしろ否定的と見るべきだという学者もいる。それは「あなたが推論していることだ（私は何もいっていない）」は、賛成、不賛成の両意を含むが、これは、その言葉への解釈の違いを前提としており、「それであるが、その内容の解釈には同意しない」が、もっとも肯定的な使い方である、という。

この点、大変に興味深いのは使徒行伝である。キリスト教発生の初期において、イエスは何の疑いもなくメシアであった。「だからイスラエルの全家は、この事実をしかと知っておくがよい。あなたがたが十字架につけたこのイエスを、神は、主またはキリスト（＝メシア）としてお立てになったのである」（使徒行伝二章三十六節）と。

またパウロは「このイエスがキリスト（＝メシア）であることを論証して、ダマスコに住むユダヤ人たちをいい伏せた」「パウロは御言《みことば》を伝えることに専念し、イエスがキリスト（＝メシア）であることを、ユダヤ人たちに力強くあかした」、またアポロは「イエスがキリスト（＝メシア）であることを聖書に基づいて示し」等々と記されている。

しかしここで注意しなければならぬことは、だれも「イエスは自らをキリスト（＝メシア）と断言した。だからメシアである」とは一言もいっていないことである。さらにここでも、キリスト＝メシアという言葉は、国家に反抗する者の意味があると受けとられていることである。

「この連中は、みなカイサルの詔勅にそむいて行動し、イエスという別の王がいるなどといっています」（使徒行伝十七章七節）と。

ブルトマンのような学者は、共観福音書がイエスを「約束されたメシアと見ている」という見方に反対し、そんなことはいえないと主張する。しかし多くの学者は、イエスは「イエスはメシアの自覚」はもっていたが、しかし彼自身の「キリスト」についての考え方は一般人と非常に異なっていたので、その問題に触れないようにしていたのだ、とする。確かにそのように読める記述はないわけではない。しかしそれは、弟子たちがそう見ていたにすぎないともいえる。

前述したペテロの答「あなたこそキリスト（＝メシア）です」をイエスは否定せず、ただ「イエスは、自分のことをだれにもいってはいけないと、彼らを戒められた」という記述と、今まで記した前提に基づいて、この多数説は成立している。

だがこういっても、この問題は解決しない。というのは、ではイエス独特のメシア像は何かは、イエスは明言していないからである。当時のユダヤ人のもっていた普遍的なメシア像は「ダビデ的王のメシア」の思想だが、福音書に描かれているイエス自身をこのメシアと関連づけることもまた不可能と思われるからである。

こういう状態で「イエスのメシア像」がまったく違うなら、それは別の言葉で表現されねばおかしい。

したがってヴェルメシュは、ペテロへの答も、大祭司やピラトへの答も、イエス自身はキリスト（＝メシア）であることを否定したものと理解すべきだという。これなら筋は通る、しかし……。

なぜイエスはキリストと呼ばれたのか

だがこの否定的結論は、また別の問題につきあたる。もしそれが事実なら、なぜイエスにキリスト（＝メシア）という称号が、イエスの同時代からつけられていたのか？後代なら後代が勝手につけたのだといえるが、決してそうはいえないからである。理由は、紀元一世紀のパレスチナ社会の精神状態にあるであろう。その時代の人びとは終末が近いと信じ、政治的・革命的動乱が常に起り、紀元七〇年のエルサレム壊滅へと進んでいく空気の中にいた。イエスの弟子もイエスの敵も、共にメシアへの、何らかの情熱を持ちつづけていた。イエスが十字架にかかった後でさえ、やがてイエスは現われて「イスラエルの王国を回復する」という希望を、一部のものは持ちつづけていた。イエスの告発者たちは、そのように信じているガリラヤ人に疑惑の目を向けていた。

そこでメシア問題は「復活以後の」時期に移しかえられた。イエスは「苦難のしもべ」と同じ苦しみをうけて死に、天で神の右に座し、その意味でははじめから「ロゴス＝人格化された知恵」であり、また同時にヨブ記に記された仲保者で、ダニエル書に記されているように「ひと時、ふた時、半時の間、彼（敵）の手にわたされる」が、再び審判者・王として再臨してくると考えられた。

そこには当然、紀元一世紀のユダヤ教の「天のメシア」「先在のメシア」という考え方の影響はあったであろうが、これがさらに複雑化し、一つの総合思想としての「イエス・キリスト像」が出来あがったと見るべきであろう。そしてそれを可能にしたのは、前にもしばしばのべた旧約聖書の諸思想であり、それがイエスという人間の上に凝縮したと見るべきであろう。

ではなぜ、「キリスト」というこのイスラエル固有のイメージが、ギリシア・ローマ圏に広まり、それがキリスト教として定着し、キリスト教文化を作り出すことができたのか。これはすでに初代キリスト教史の問題だが、新約聖書にもこの萌芽はすでに見えている。

そこにはもちろん、パウロという天才的人物による伝道があった。しかしその前提となった考え方は、キリスト（＝メシア）こそ神がイスラエルに与えた最大の約束であったのに、ユダヤ人は強情にもメシアを拒否した。この強情こそ、彼らのもっていた旧約的な特権を異邦人に移して、かえらぬものとしてしまったとするのである。

これについては、使徒行伝にもヨハネによる福音書にも記述があるが、もっとも貴重なのはパウロの「テサロニケ人への第一の手紙」である。この手紙の真正性は、近代の学者によって広く承認されているが、その中に次の言葉がある。

「兄弟たちよ。あなたがたは、ユダヤの、キリスト・イエスにある神の諸教会にならう者となった。すなわち、彼らがユダヤ人たちから苦しめられたと同じように、あなたがたも同国人から苦しめられた。ユダヤ人たちは主イエスと預言者たちとを殺し、わたしたちを迫害し、神を喜ばせず、すべての人に逆らい、私たちが異邦人に救いの言《ことば》を語るのを妨げて、絶えず自分の罪を満たしている。そこで、神の怒りは最も激しく彼らに臨むに至ったのである」

そしてこのようにして、旧約のメシアのさまざまな像が凝縮したキリスト像は、新しいギリシア・ローマの地で新たな展開をしていくのである。

イエスは「人の子」である

イエスはしばしば「私」のかわりに「人の子」という言葉を使っている。たとえば「人びとは、人の子（私）をだれだといっているのか」というように。

またこの言葉がイエスを指すのに用いられていることもある。たとえばステパノは殉教するとき「私は人の子（イエス）が神の右手に立っているのを見ることができる」といっている。

では「人の子」とはいったいどういう意味なのであろうか。確かに「人の子の名称を考察していくことが、もっとも古いキリスト論的伝承を探究するための適切な出発点」

（ハーン）であろうが、「現代の新約聖書学は非常な努力を払い、学識を深め出版を重ねてきたが、結局何一つ一致するところがなかった。ただ人の子とは実に重要な名称であるということだけが残った」（ヴェルメシュ）のである。

したがってここではまず、多くの学者が一致している言語的な、基本的な意味からはじめよう。

まず「人の子《バル・ナーシュ》」というアラム語は、基本的には「ベン・アダム（アダムの子）」に相当し、どちらも単純に「人」という意味である。しかしこの「人」は、イエス時代には、しばしば「私」の意味にも「あの人」の意味にも使われており、どちらに使われているかは、一に文脈、すなわち前後の関係から判断しなければならない場合がある。

こういういい方はどこの国の言葉にもあり、たとえば日本語で「人《ひと》をばかにして……」「人《ひと》のことだと思って」という場合、この「人《ひと》」は「私」のことを意味している。この場合には「相手（もしくは第三者）から見て他人である私」の意味を含み、微妙ないい方になっている。

いわば、この「人《ひと》」は「人《ひと》（他人）のことなどどうでもいい」の「他人《ひと》」だと基本的にはいえるが、それが「自分」「他人」両方の意味に使えるのである。「人の子《バル・ナーシュ》」にも同じような使い方があり、「あの人」を意味する場合もあり、「私」を意味する場合もある。

以上の例から見れば、「人の子」が「私《アイ》」になったり「彼《ヒィ》」になったりすることは、日本人にとっては別に不思議ではない。逆にヨーロッパ人には理解しにくいらしく、さまざまな議論を生じている。だがわれわれには専門のアラム語学者の言語学的な解説のほうが納得がいく。

リーツマンという学者が前世紀〔十九世紀〕の末に「人の子」という言葉は、アラム語を話す人びとの間では、何の「称号」にもなり得ない、ヘレニズムの教会で、はじめてイエスの称号となり得た、と主張した。この主張は基本的には今も認められているが、しかし聖書では、メシア的な意味でも使われていると多くの学者は主張している。

問題はこの「聖書では」という言葉である。というのは新約聖書はギリシア語で書かれており、以上二つの主張は、非常に微妙にからみあって、どちらが正しいともいえない状態になっているからである。

多くの学者が、イエスの真正な言葉とみる（もちろん異論もあるが）、マルコによる福音書第九章十二節以下に、次の言葉がある。

「イエスはいわれた。『確かにエリヤが先に来て、万事を元どおりに改める。しかし人の子について、彼が多くの苦しみを受け、かつ恥ずかしめられると、書いてあるのはなぜか。しかしあなたがたにいっておく。エリヤはすでに来たのだ、そして彼について書いてあるように、人びとは自分かってに彼をあしらった』」

この「人の子」を「あの人」と読めば、明らかに前に記した旧約聖書イザヤ書第五十三章の「苦難のしもべ」のこと、「私」と読めばイエスのことである。そうなると、「苦難のしもべ、すなわち私のこと」の意味になり、ここの「人の子」はそう理解できるであろう。

　また旧約聖書のダニエル書第七章十三節以下には「私は夜の幻を見ていた。すると見よ、人の子のようなものが天の雲にのってやって来た……」という詩がある。

　この場合の「のようなもの」は、「夜の幻」の情景を示す言葉で、この場合は「人の子」の意味で、後を読むと明らかにイスラエル民族を表わしている。ただここで、何の説明もなく「人の子」が出てくるのは、「天の雲に乗ってくるあの人」といえば意味が通ずる共通の概念があったと考えねばならない。日本でも「雲の上のあの人」といって、ある特定の対象を意味する場合がある。

　多くの学者は、それが旧約外典のエノク書に示されていると考え、この書をダニエル書の注解だと主張する学者もいる。これに基づけば、それは、万物に先だって創造された超自然的な存在で、終末に現われる審判者で王、ここで神の国がはじまるとされる。そしてそれをメシアと同一視している。

　この考え方はむしろヘレニズム的で、それがヘブル化されたものであろう。イエスが直接に第一エノク書の影響をうけたとは考えにくいが、しかし新約が全般的にこれらの思想の影響下にあったことは否定できない。ブルトマンは、受難の預言に「メシア＝人の子」に関するユダヤ教の概念があることを認めるが、これはイエス自身でなく、教会によってなされたものと見ている。

「神の子」とは何か

「人の子」が以上のような意味をもつとすれば、「神の子」とはどのような意味をもつのであろうか。

新約聖書の中でイエスがしばしば「神の子」と呼ばれているのは事実である。ただイエス自身は、自らを「子」といっても、決して自分を「神の子」といってはいない。コンツェルマンは、神の子の称号はイエスが語った言葉には一度も出てこないで、弟子たちのイエスへの告白の中に出てくることを指摘している。

この「神の子」という言葉は、後の教会では大きな意味をもつようになり、有名なニケーア信条では「イエス・キリスト、ただ一人の生れられた神の子……神の神……父の同質であられる」となっている。しかしこれは紀元三二五年につくられた信条で、この見方をそのまま聖書に適用することはできない。

「神の子」という言葉は、旧約聖書では次の三つを指す場合に使われる。

(一)　天的な存在

(二)　イスラエルの民

(三) イスラエルの王たち

このうち(一)は新約にはない。イエスを弟子が「神の子」といっても天使の意味ではない。また(二)も意味をなさない。イエスを「神の子」といっても、それはイスラエルの民の意味ではない。となると問題は(三)に限られる。

(三)の場合は、旧約聖書では、神がイスラエルの王に呼びかける場合によく出てくる。

「私(神)は彼の父となり、彼はわが子となる」(サムエル記下七章十四節)

「彼(王)は私にいうであろう、『あなた(神)はわが父』」(詩篇八十九篇二十六節)

「主(ヤハウェ)は私にいわれた、『おまえは私の子だ、今日私はおまえを生んだ』と」(詩篇二篇七節)

このように「神の子」とは「王」を意味し、新約ではこれが、「メシアなる王イエス」の意味に使われている。この伝統に基づけば「あなたは神の子」とか「神の子イエス」とは「あなたはメシアなる王」「王なるイエス」の意味になる。

旧約以後の中間時代になると、「神の子」には「正しい人」の意味も出てくる。「(正しいことをするなら)神はあなたを子と呼び」(ヘブル原文による)、ギリシア語では「至高者《ほむべき》はあなたを子のように思い」(ベン・シラ四章十節)、「もし正しいものが神の子であるなら」(ソロモンの知恵二章十八節)、「彼らはみな生ける神の子と呼ばれるであろう」(ヨベル書一章二十四節)等々があり、タルムードもこの伝統に基づき「……『善』

を行う人たちは神の子である」という言葉がある。

　では新約聖書ではどのように使われているであろうか。だいたいにおいて一世紀のユダヤ人が「神の子」という言葉を聞いた場合は、以上のような像すなわち、

(一)　天使的存在

(二)　正しい人、聖人のような人

(三)　王であるメシア

のことを意味していた。

　だがそのほかに、ヘレニズムの世界にも「神の子《テウー・ヒュイオス》」という言葉があり、これは、

(一)　皇帝の称号

(二)　神的な霊能的な人の意味

に使われているが、これがどれだけ新約聖書に影響しているか、その見方は学者によって相当に差がある。

　まず「神の子メシア型」は「あなたこそキリスト(＝メシア)、生ける神の子」(マタイによる福音書十六章十六節)、「あなたは、至高者《ほむべき》(神)の子、キリスト(＝メシア)であるか」(マルコによる福音書十四章六十二節)等々である。これは明らかに旧約聖書の伝統である。

　問題は「神の子＝奇蹟を行う人」の意味で使われる場合で、多くは悪霊やイエスの敵

対する者が用いている。

「神の子（奇蹟を行う人）なら、……十字架からおりてこい」（マタイによる福音書二十七章四十節）、またそれ以外の「汚れた霊たちもまた……大声で叫んでいった、『あなたこそ神の子（奇蹟を行う人）です』」「もしあなたが神の子（奇蹟を行う人）なら、これらの石がパンになるように……」などはこれを表わしている。

シュバイツァーは「神の子という名称は、キリスト教以前には、奇蹟を行う者とは何の関連もなかった」と記し、これはヘレニズムの「神的な人」の影響であろうとしている。しかしこの説にも反対がある。

しかし今日の平均的な見解では、「神の子」をメシア的に用いるのはユダヤ的キリスト教の中で生れ、それが二次的に「神的な人＝奇蹟を行う人」と関連させられたと見る。したがって、聖書を読む場合、「神の子」とは以上のような意味に解すべきであろう。

「主イエス」とは？

イエスは「主《キユリオス》」とも呼ばれた。そしてこのことが、後のキリスト教徒に与えた影響は決定的である。というのはローマ皇帝を「主《キユリオス》＝われらの主にして神《ドミヌス・エト・デウス・ノステル》」とすることはカリグラ帝以来の通例であり、これがキリスト教徒との決定的ともいえる対決の一因となったからである。

「……神は彼（イエス）を高く引き上げ、すべての名にまさる名を彼に賜わった。それは、イエスの御名によって、天上のもの、地上のもの、地下のものなど、あらゆるものがひざをかがめ、また、あらゆる舌が、『イエス・キリストは主である』と告白して、栄光を父なる神に帰するためである」（ピリピ人への手紙二章九節以下）

こうなると「皇帝は主である」といえば、自らの信仰を否定することになる。この信仰はとくにギリシア・ローマ系のキリスト教徒には実に強く、己が生命を賭しても、ローマ皇帝を「主」と認めることによって、イエスを「主」とする信仰を汚すことを拒否したわけである。

では聖書の「主」とは元来どういう意味であったのであろう。旧約では、「イゼベルが主（ヤハウェ）の預言者を殺したとき私がしたこと……を、わが主（「あなた」の尊称）は聞かれませんでしたか」（列王紀上十八章十三節）のように、「主」は神にも人にも用いられているのである。したがって、ここには後代のキリスト教徒のように、「主」に特別な意味をこめることもなく、神をも相手をもごく自然に「主」と呼んでいる。

ところが七十人訳は神の名の神聖四文字ＹＨＷＨをギリシア語に訳すとき、普通名詞の「主《キュリオス》」をあてた。ドッドはこれで「形なき神は名なき神」となり、それが「宗教の普遍化の道を開いた」と記している。その結果、一世紀にギリシア語で著作したユダヤ人、ヨセフスやフィロンでは「主《キュリオス》」は神を表わす定型的な名称になっている。一方ヘレニズム世界の密儀宗教では、オシリスやヘルメスへの礼拝で、その神々を「主」と呼ぶのが普通であった。そこでブルトマンなどは新約聖書の「主」はその影響で、アラム語の「マラナタ」(主よ来りませ)も、ユダヤ人がイエスを特別の意味を込めて「主」と呼んだ証拠にはならず「われらの主、イエス・キリストの名を呼ぶ人たち」(コリント人への第一の手紙一章二節)もヘレニズム教会の特質であるとする。

では新約の中の、イエスへのアラム語の「主よ《マル》」という呼びかけは、前述の旧約の場合と同じようにたんなる尊称であって、「キリスト論」的な意味はまったくなかったと考えるべきなのであろうか。この見方は一時は支配的であったが、死海写本の発見で、必ずしもそうは断言できないことが明らかになった。

というのはその中の「外典創世記」では、アラム語の「主《マル》」が神を表わす絶対的用法に近いかたちで使われているからである。「あなたは地のすべての王たちで主であられる」「あなたはいと高き神であり、わが主でいます」などである。

だが同時に、「わが主」は妻の夫への呼びかけ、息子が父を語るとき、支配者、王などにも使われている。そして、これらだけでなく、タルムードや他の文書を調べていくと、「主」という言葉は、だいたい次の七とおりの使い方があったと思われる。

(一)神、(二)権威ある者(父、夫、裁判官、王など)、(三)教師《ラビ》、(四)教師《ラビ》と主《マル》が使われているときは主《マル》の方が、より権威ある教師、（五）主《マル》は奇蹟を行いうる教師《ラビ》、（六）「われらの主」の単純な意味、（七）高名なもしくは尊敬する人物への呼びかけ、である。

　ではいったい、福音書でイエスを「主よ」と呼びかけている人たちは、どのような意味をこめているのであろうか。これは決して一様でなく、前記の七つのうちのさまざまなケースがあるものと思われる。たとえば――

「主よ、お言葉どおりです」（マルコによる福音書七章二十八節）はおそらく（七）、また「主よ、お助け下さい、私たちは死にそうです」（マタイによる福音書八章二十五節）は（五）、「主よ、兄弟が私に対して罪を犯した場合、幾《いく》たび許さねばなりませんか」は（三）または（四）であり、これらはごく普通の用い方であっただろう。

　ではイエスに特別な意味をこめて「主」と呼んだ例はないのであろうか。そしてその意味をこめているのはヘレニズムだけの影響であろうか。必ずしもそうはいえないであろう。

「主よ、信じます。あなたがこの世に来るべきキリスト、神の御子であると……」（ヨハネによる福音書十一章二十七節）、「わが主よ、わが神よ」（ヨハネによる福音書二十章二十八節）は、「主」という言葉を、神、終末時に来るキリスト（＝メシア）、神の子（＝王）と結びつけているのである。

　そしてこれがだいたい初代教会の意味した「主」であろうが、それは（一）から

（七）までの用法を見ていけば、当然の結論として出てきたものと考えても別に矛盾はないと思われる。

使徒の世界――パウロとヨハネ

パウロの歴史的背景

イエスが処刑されたのが紀元三〇年、皇帝ネロによる迫害が紀元六四年。これはまことに不思議な現象といわねばならない。というのはイエスの死後わずか三十四年で、キリスト教は、ローマにおいて、弾圧に値する宗教団体となっていたのである。

「弾圧に値する」とは少々奇妙ないい方だが、これは皇帝ネロが、「ローマの大火災はネロの放火」として憤激する民衆を鎮めるため、キリスト教徒を放火犯人に仕立てて処刑した事件だからである。このことは当時ローマですでに、キリスト教は皇帝にも社会にも知られた宗教団体で、社会から何らかのかたちで白眼視されかつ違和感をもたれていたことを示すからである。そうでなければ、「罪を転嫁」する対象にはなりえない。

ローマの史家タキトスは、この大火が、木造の競技場のスタンド下の売店の火の不始末から起ったと記している。これがおそらく真相だが、関東大震災にもみられたように、こういう場合にパニックが起り、デマがとび、そのため犠牲者が出ることは、少しも珍しくない。

これは、後代の全ローマに広がった「大迫害」とは違って、むしろ局地的な事件であり、キリスト教徒にとっては不幸な事件であったが、しかしこれで、六四年にキリスト教徒が相当な勢力であったことが証明される。

わずか三十四年、これは、ガリラヤに発生した旧約の宗教、むしろユダヤ教の一分派ともいうべきキリスト教が、帝国の首都ローマにまで進出するには、あまりに短い期間といわねばならない。とくに通信にも旅行にも制限があり、マスコミもない当時である。そこでこれを「謎の三十四年」という人がいても不思議ではない。

これにはさまざまな歴史的背景があり、その一部は「キリスト教への胎動」でも記した。要約すれば、イスラエルをヘレニズム化しようとしたことが、逆にローマのキリスト教化を生んだわけで、歴史の皮肉とでもいうべきであろう。

ローマ圏の公用語であるコイネー・ギリシア語で新約聖書が書かれ、またこれが一部のユダヤ人の日常語となっていたこと。と同時に、「すべての道はローマに通ず」の広大なローマ圏へ、自由に進出し、移民できたこと、なども作用している。いわばローマ中にキリスト教の前進拠点があったわけである。

さらに大きく作用したのはローマの宗教政策であった。当時の世界は「宗教法の世界」であったが、ローマは点と線すなわち主要都市・港湾・道路は押えても、面であるその内部に足を踏み込もうとしなかった。これはピラトの態度にも表われているが、ピラトだけでなく全ローマ圏に通ずる共通の基本政策であった。

使徒行伝ではガリオという総督が、パウロを捕えて法廷に連行したユダヤ人たちに次のようにいっている。「これは諸君の言葉や名称や律法に関する問題なのだから、諸君みずから始末するがよかろう。私はそんなことの裁判人にはなりたくない」(十八章十五節)

では、ローマ人と、支配されている現地人とはどのような関係になっていたか。それは簡単にいえば階級制で、上から(一)ローマ市民(ローマの市民権をもつもの)、(二)ギリシア系市民、(三)現地人、(四)奴隷であった。

ローマ市民は各都市で元老院《セナートス》をつくり、その下でギリシア系は民会《エクレシア》をつくり、その下に現地人がいた。この民会の機能の仕方は、エルサレムの最高法院《サンヘドリン》と同じようなものであっただろう。この「エクレシア」を新約聖書、とくにパウロは「教会」の意味に用いているが、このことは当時の状態を考えれば少しも不思議ではない。「会堂《シナゴーグ》」はユダヤ人の「民会《エクレシア》」であった。

以上のように宗教は自由であり、宗教法的自治がある程度は認められていた。ただ、宗教宗派を問わず、服従を示すため皇帝の像の前で香をたく義務があった。ユダヤ人はそれを拒否し、時には問題となったが、神殿でローマ皇帝のためにいけにえを捧げることでだいたいにおいて免除されていた。こういう点でローマ人とはまことに「政治的民族」であった。

このような前提があったとはいえ、前記の三十四年は余りに早すぎる。では理由は何か。

宗教が伝道なしで広まることはない。そしてここに登場するのが、おそらく人類史上最大の伝道者と思われるパウロであった。

「パウロなくしてキリスト教なし」ということは確かにいえる。その意味で彼は、以後の西欧文明の方向を定めた、というより、世界の文明の方向を定めた人といえる。

彼は確かに「伝道者」といえる。しかし単なる伝道者ではなく、彼は彼で独自の、そしてまた非常にユニークな思想の持主であった。そしてその思想には、今までのべてきたような時代的背景があり、彼はまことにその背景にふさわしい人物であった。そのことは「タルソ生れのローマの市民でユダヤ人」という彼の生いたちが示している。

タルソは、今ではあまり知られていないトルコの田舎町だが、当時は東地中海最大の港のひとつで、しかも哲学の中心であった。アテネ、アレクサンドリア、タルソと並び称され、ローマ皇帝アウグストスの師アテノドロスの出身地として、知的な尊敬を集めていた。ということはヘレニズムの文化と思想の一中心地であったわけである。

パウロはここで幼年時代に教育を受けた。それゆえに、ギリシア語の口述で手紙を書き、ストア派の表現を使いこなし、ギリシア哲学の講堂《スコレー》でキリスト教の講義ができ、アテネで、まことに形式にかなった演説ができた。

同時に彼は「生れながらのローマの市民」であった。ということは、彼の父か祖父が相当の成功者で、何らかの方法でローマの市民権を手に入れており、ローマ市民としての特権をもっていた。これは大きな権利であり、とくに「カイサル上訴権」は、何かあった場合、ローマの地方総督は独断で彼を処置できないということである。たとえば、イエスのような状態になったとき、もし「カイサルに上訴する」といえば、ピラトは彼をローマまで護送する義務があったということである。パウロはローマまで来たが、これは「カイサル上訴権」を行使して、護送されて来たのである。

そして彼はユダヤ人であった。それもたんなる「平凡な一ユダヤ人」でなく、若くしてエルサレムに留学し、当時のユダヤ教の最高のラビ、最高法院《サンヘドリン》の一員であるガマリエルの門下に学び、律法に精通したパリサイ派の知識人であった。

ガマリエルは、ルナンが「イエスの精神的な父」と呼んだヒレルの弟子で息子（一説には孫）、紀元二五年から五〇年ごろまでのユダヤ教の指導者である。ヒレルは当時の平民思想を代表する非常に寛容な人で、これを「新パリサイ派」として従来のパリサイ派と区別する人もある。またガマリエルは謙虚な人でミシュナには「ラバン・ガマリエルの死と共に、律法の栄光はおとろえた。純潔と節制が消えた」となげいている。また使徒行伝には、大祭司たちが使徒を迫害しようとしたとき、これに反対したという記述がある。そのために後に、彼が秘かにキリスト教に改宗していたという伝説を生じたが、これは事実ではないであろう。

パウロの特徴

「タルソ生れのローマの市民でユダヤ人」とは、以上の三つの特徴を備えた人物、いまの言葉でいえば、典型的な良き意味の国際人ということである。パウロには「内なる人」と「外なる人」という言葉があるが、この考え方もこれに該当する言葉も旧約聖書にはない。いわば、この思想は新約聖書、とくに国際人パウロにおいて独特なものと考えられる。

この言葉の用い方はさまざまで、「内なる人たち」（コリント人への第一の手紙五章十二節）のような場合は教会の内と外の意味、「内なる人としては神の律法を尊んでいるが」（ローマ人への手紙七章二十二節）、「外なる人は滅びても、内なる人は日ごとに新しくされていく」（コリント人への第二の手紙四章十六節）などは内的人間、外的人間の意味である。だが、用法の違いは、基本的な意味の違いではなく、以上の二つの用い方はもちろん関連がある。

これは確かに、旧約聖書にはない考え方である。旧約聖書では「内なる人」も「外なる人」も一体であり、「内なる人」が神を信じていれば、「外なる人」は神の律法を完全に守っているはずであり、「内なる人」が神を信じながら「外なる人」は律法を無視しているなどという発想はあり得ない。パウロにこの独特な思想が出てくるのは、やはり彼の生涯との関係で理解すべきであろう。いわば彼の一生は「外なる人」としてはローマ法に従い、その保護をうけ、また自らもそれを利用する人間だが、「内なる人」はあくまでも、ユダヤ人であった。

だがこれは、ユダヤ人には認め得ないことであった。彼らにとっては、神との契約が絶対であり、その契約である律法を厳守することが信仰であり救済であるから、パウロのような考え方をうけ入れる余地はあり得ない。というのは、現代でもイスラム教徒にとって、アラーを信ずることと、宗教法を遵守することは同じであり、宗教法の否定はそのままアラーの否定になるからである。

このことを考えれば、パウロの思想が、当時の世界において、いかに独特のものであったかが理解できるであろう。そしてこの考え方は、「内なる規範」と「外なる規範」というかたちで、その後の西欧文明の方向を決定した。いわば「法」はあくまでも外的規範であって、その人の内心に立ち入ることは許されない、という原則が確立していなければ、「信教の自由」もまた「言論の自由」も、あり得ないからである。

新約聖書二十七書の中には、パウロの作とされている手紙が十三ある。しかし、その中にはパウロの名で書かれているが、彼の弟子などが書いたのではないかと思われるものもあり、それが明確な「テモテへの手紙上下」、「テトスへの手紙」は「牧会書簡」として別にする。このほか「テサロニケ人への手紙下」「エペソ人への手紙」「コロサイ人への手紙」などについても疑問があるが、だいたい「パウロ的」とみてよいであろう。また使徒行伝の半ばはパウロについて書かれており、その一部は彼と同行したルカの直接の記述である。すなわちルカが「われら」という言葉で書いている部分（これを「われら章句」という）で、これは貴重な資料である。

以上のような点では、イエスと違ってパウロに関する直接的な資料はきわめて多いことになるが、しかしパウロは、自分のことはほとんど書いていないので、その思想を知ることはできても、その生涯の細部について知ることはむずかしい。また、使徒行伝とパウロの手紙の間には食い違いもある。

しかし彼が、タルソに生れたローマの市民であるユダヤ人であり、ベニヤミン族の出身、ラビ・ガマリエルに学び、多くのユダヤ人のように手に職をもち、伝道中も天幕づくりで生計を立て得たことは真実であろう。

生れは紀元五〜六年ごろ（?）、六四年のネロの迫害で処刑されたものと思われる。

彼は若き熱心なパリサイ人として、最初はキリスト教迫害の側に立ち、ダマスコ郊外で劇的な回心をしたことは、使徒行伝に三回も出てくるが、彼自身は手紙の中で、これについて何も書いていない。ただ教会の迫害者であったが回心させられたことは、自らも書いている（ピリピ人への手紙三章六節）から、何か特殊な体験で回心したことは真実であろう。

彼は生前のイエスには会っていない。しかし何かの特殊な体験で、キリストを啓示され、復活の主に会ったという確信は、生涯、動かすことのできない確信であった。そしてこの点では、復活の主に会ったペテロたちと自分は同一であると信じていた。これもまた後のキリスト教を大きく特徴づけた。いわば、すべての人は彼のように復活のイエスに会えるのである。

だが、前に述べたようなユダヤ人のもつメシア（＝キリスト）像を考えれば、この考え方であれ、「内なる人」「外なる人」という考え方であれ、それが伝統的なパレスチナのユダヤ人に受け入れられなくて不思議ではない。と同時に「メシアが来たのにユダヤ人は強情にこれを拒否した」という考え方が、パウロの伝統を強くもつ初代のキリスト教徒にあってもまた不思議ではない。

キリスト教とユダヤ教の分裂は、実にパウロにはじまるといってよい。今でも、ユダヤ教はイエスまでをヘブル思想史に入れるがパウロは入れない。またイスラム教徒はイエス（イサ）をマホメットにつぐ最大の預言者とみるが、パウロはまったく評価していない。

パウロと旧約聖書

だが当時のディアスポラのユダヤ人の総人口はパレスチナのそれより多かったと思われ、この人びとは、パウロのような考え方を受け入れやすかった。そこでパウロの伝道がもっぱら「異邦人への伝道」——といっても実際は異邦人の地に住むユダヤ人への伝道が主であった——となり、彼が「異邦人への使徒」と呼ばれて不思議ではない。そしてその根拠地はまずシリアのアンテオケであった。パウロはその生涯に、三回にわたって次ページのような大伝道旅行をしている。

パウロは、外見はあまり立派な人ではなかったようで「手紙は重味があって力強いが、会ってみると外見は弱々しく、話はつまらない」（コリント人への第二の手紙十章十節）といった批評もうけている。さらに彼の思想は、主としてそれぞれの教会にあてた手紙に示されていても、体系的に示されていないので、一見矛盾するようにみえる場合もある。したがって彼は、ユダヤ教の律法主義を否定したようにいわれるが、それと矛盾する言葉、すなわち自分を「律法の義について落ち度のないもの」と規定している言葉もある（ピリピ人への手紙三章六節）。

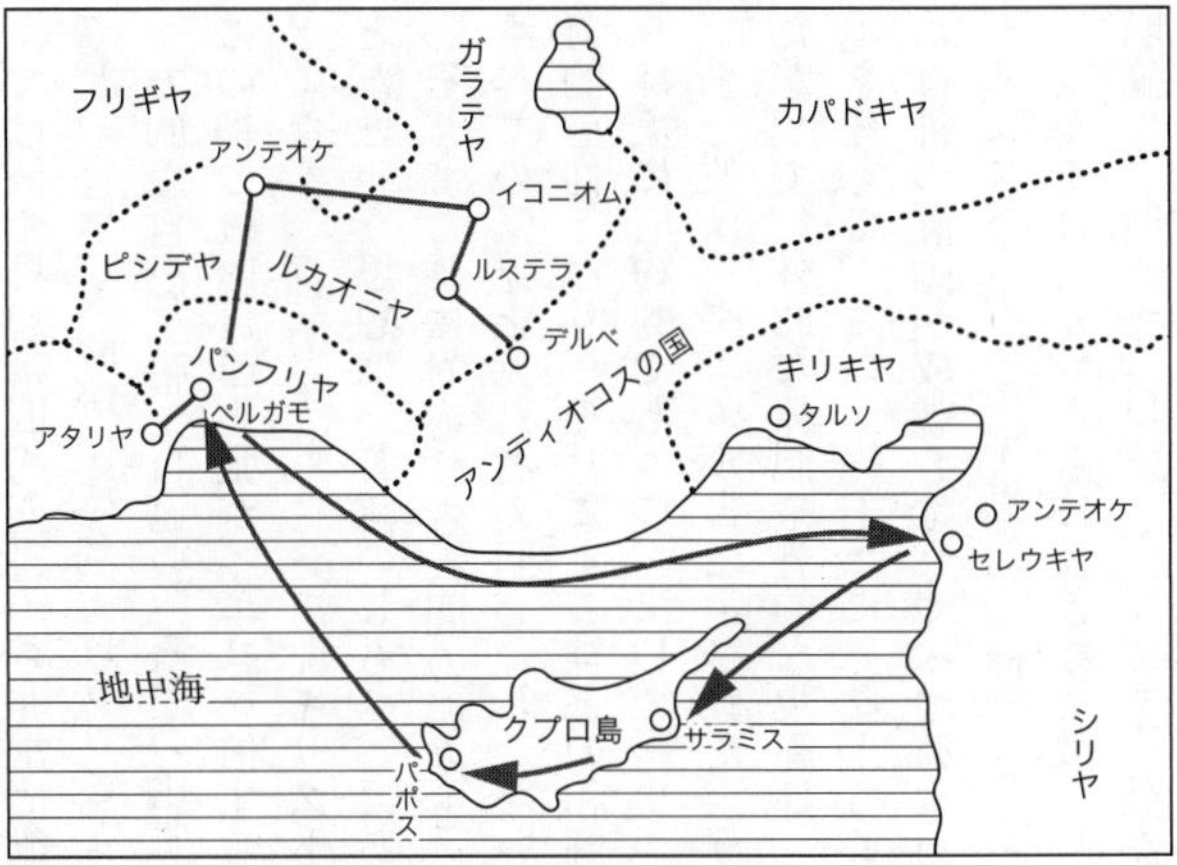

パウロの第１回伝道旅行

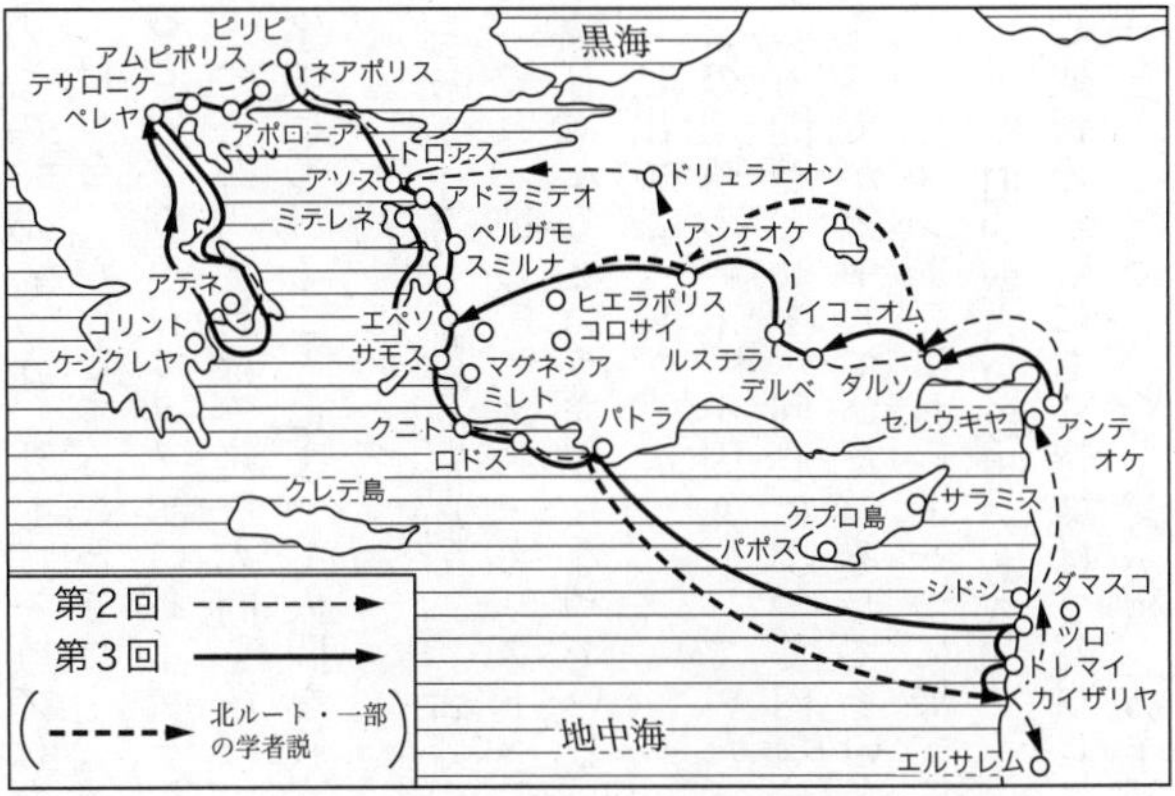

パウロの第２回・第３回伝道旅行

では彼の思想は旧約聖書から非常に離れたものなのであろうか。決してそうではない。「義」とは、人間が律法を「行う」ことによって自らを「義」とすることでなく、神の一方的な自己主張（自己の「義」の主張）であるという考え方はヨブ記にある。そしてこの神の義の自己主張がイエスを信ずる者を義とするが、それは不義な人間を滅ぼすことでなく、「神の子」「メシア＝キリスト」を十字架につけることによって人間を救うことだという思想は「苦難のしもべ」にある。

そしてこれに対応する人間の態度といえば、ヨブのような絶対的信仰と、「苦難のしもべ」の受難を見た者の回心にしかないわけで、これが彼の、イエス・キリストへの絶対的信仰となり、それによる神との和解が罪の赦しになるという発想になっている。これは実に旧約的であって、決してヘレニズムからは出てこない。

また彼は、ダニエル書に示されたような、いまの「時の終末」を固く信じていた。したがって、外的な体制や外的な規範は、逆に少しも問題とせず、回心によって内なる規範を変えて、この「終末」にそなえることに、すべてが集中していた。そしてそのときには神の計画が成就して、すべてのものがキリスト（メシア）において一つに帰するに至る（エペソ人への手紙一章十節）とした。これもまた旧約聖書の思想である。

だがそれよりもさらに大きな特徴、しかも旧約聖書の系統にある特徴は、パウロには明確に「旧約」「新約」という考え方があったことである（コリント人への第二の手紙三章六節・十四節）。もちろん、かつてモーセを通じて与えられた古い契約に対して、イエス・キリストを通じて新しい契約が与えられたという考え方はマルコによる福音書にもあり、新約全般を通じてあるといえるが、旧約を明確にし「古い契約」と定義しているのはパウロであろう。そしてこの考え方は、前にのべたエレミヤの「未来の契約」という考え方に対応するものである。

この絶対者との契約が更改されうるという考え方もまた大きな影響を西欧に与え、これはキリスト教文化の特質となった。同じ旧約から出たといっても、イスラム教にはこの発想はない。

このようにパウロは、旧約の伝統を保持しつつこれを新しい未来に向けて発展させかつ伝えていった人であった。

ヨハネによる福音書と書簡のなかの二元論

新約聖書の三大登場人物といえば、だれでもイエス（これは別格の大主役だが）、パウロ、ヨハネというであろう。そしてヨハネによる福音書の冒頭の「はじめに言葉あり」は有名で、聖書を読んだことのない人でも、この言葉は知っており、この意味ではヨハネの名はよく知られている。

しかし、ヨハネはイエスやパウロと違って「一人物」ではなく、

(一)使徒ヨハネ、(二)ヨハネによる福音書の著者、(三)ヨハネ書簡の著者、(四)ヨハネの黙示録の著者とあり、(一)(二)(三)を同一人物と見る人もいるが、(一)、(二)(三)、(四)は明らかに別人である。

そこで、新約聖書の中の「ヨハネ」を考える場合、「その名を冠された著作にみられる特徴」から、それに「共通する思想と思想的背景」を探るという方法しかない。だがこれもまた非常にむずかしい。というのは、それらは一世紀末ごろ、すなわち〝国際化〟した時代に書かれているので、その背景が実に複雑になっているからである。その背景はだいたい、(一)伝統的ヘブル思想、(二)初代教会の思想、(三)ヘレニズム的ユダヤ教、(四)非主流的ユダヤ教、の四つとみることができるであろう。

多くのユダヤ人がローマ圏に移住すると、その中から独特な思想家が出て来て不思議ではない。その一人にアレクサンドリアのユダヤ人フィロンがおり、彼は旧約聖書をギリシア哲学と結合させようとして、旧約聖書に含まれている真理を真に理解するには、比喩的解釈によらねばならないとした。

この点ではヨハネとフィロンはきわめてよく似ている。比喩的解釈は象徴化した表現になるから、両者とも「生ける水」「生命のパン」「まことの木」「よき羊飼い」「泉」「光」「永遠の生命」といった象徴的表現がある。また「上と下」「霊と肉」「まことのものとそうでないもの」といった二元論的見方があり、ギリシア思想との類似が指摘される。しかしギリシア思想直接ではなく、むしろフィロン的な見方の影響というべきであろう。

またクムラン文書との関連も指摘されている。とくに、神またはメシアとサタンとの対立にはじまる「光と暗」「生と死」「真理と偽り」「知識と無知」「良いわざと悪いわざ」といった二元論的発想は両者共通しているが、祭司制度や禁欲主義などではむしろ対立的である。

二元論というとすぐにイラン思想などが連想されるが、ヨハネの場合は「宇宙論的な永遠の二元論」ではなく、「信仰・不信仰」の対立という「信仰の二元論」である。また「霊肉」といってもギリシア的な二元的人間論――「肉は滅びても霊は生きる」といったような――ではなく、これも信仰の二元論であって、信仰者は永生を得、不信仰者は霊肉とも滅びるという二元論である。

この信仰の二元論は倫理的二元論となり、「光に属する者は善を行い、暗に属する者は悪を行う」「真理につく者は罪から解放されて自由を得、不信仰者は真理に反抗して悪魔の意志に従って行動する」というかたちになる。

そしてこの点でヨハネによる福音書はもっとも反ユダヤ主義的になっている。いわばイエスを受け入れなかったユダヤ人は、神に敵対する悪魔の子で、その奴隷であって、不信仰者・真理の誤解者というかたちになっている。もっとも反ユダヤ的といっても、この著者は明らかにユダヤ人であり、ユダヤの習慣、地理、カレンダー等に非常に詳しい。また、クムラン集団と同じように、エルサレムの神殿を中心とする礼拝制度に強く反対しているから、これは当時のユダヤ教の主流派への反対とみるべきであろう。

またこの書が書かれたのはおそらく共観福音書やパウロ書簡の後で、一世紀末か二世紀初頭と思われるので、ユダヤ戦争後の情況や初代教会内の事情もさまざまに反映していると思われる。しかし、グノーシス主義と関係づけることは、年代的にいって無理であり、本書のほうが古い。

といっても、ヨハネによる福音書が旧約聖書と関連がないということではない。むしろ逆といえる面もあって、その特徴である象徴、すなわち「しるし」は旧約と関連づけられている。そして著者の旧約への基本的な見方は、イエスとモーセとの対比において現われている。

彼は一方ではモーセを第一の解放者、イエスを第二の完全な解放者とみているが、一方ではモーセを律法の授与者で訴える者、イエスは恵みと真理と命を与えるものとみている。同時にモーセはイエスをあかしする者としている。

この見方も一種の二元論的見方、いわば時間的二元論で、キリスト以前と以後に分けられ、旧約と新約の間は、その成就と断絶という矛盾したかたちでとらえられている。

以上の点からみていけば、ヨハネによる福音書がどのようなキリスト論、救済論を展開しているかは、ほぼ想像できるであろう。ヨハネによる福音書ではイエスはしばしば「子」と呼ばれているが、これは前述したような「神の子」という概念とはまったく違っており、新約聖書の中でも特異な用法である。すなわち、父は子を愛し、子に与え、子を遣わすが、同時に、父と子は一つであり、等しいものであり、共にいるものなのである。これも二元的で、矛盾したかたちになっているが、両者の一致は本質的な一致でなく活動の一致である。この「つかわされた」という言葉は、キリストは先在者で、はじめからおり（「はじめに言葉あり」）、その言葉が「つかわされて」「肉となった」というかたちになっている。この受肉した言葉《ロゴス》は同時に啓示者であり、奇蹟はその栄光のしるしである、とされる。そしてこの考え方が旧約にあることはすでにのべた。

また救済論には、パウロのような律法からの解放や、代償的贖罪といった考え方がほぼなく、サタンからの解放というかたちになる。これは前述の信仰の二元論から当然に出てくる発想で、終末論にもこの考え方が出てくる。いわば信じる者は永遠の生命を受け、信じないものはすでに審《さば》きを受けているのである。

こういったヨハネによる福音書の特徴をヨハネ書簡はほぼ全面的に継承し、文体にも用語にも共通している。ただ書簡のほうは、教会内に発生した異端的思想への警告と反論が強く出ているのが特徴であろう。

その一つが仮現説で、イエスがキリストであったのは受洗から十字架までで、それ以前と以後はただの人にすぎないという主張である。だが本書で排撃されている異端が、これであるか否かは相当に問題であろう。しかしいずれにせよ、教会内の相互の愛を強く要請するとともに、正統・異端の二元論的対立が強く出ていることは、問題であろう。

ヨハネの黙示録の影響

次の「ヨハネの黙示録」は、ドミティアヌス帝（九六年没）の迫害の下に出てきた文書と見るのが通説である。黙示文学の特徴については、すでにのべたので省略するが、この書の大きな特徴をあげれば、旧約からの引用が皆無なことである。

また、ここでは信徒・非信徒という対立的二元論が決定的であり、非信徒が「悔い改めた」という記事は唯一の例外を除いて、無い。そして信徒は必ず救われるという考え方が支配的である。これも迫害下という状態を考慮すれば、当然かもしれない。

この書は初代教会に大きな影響を与え、その後は忘れられたようなかたちになったが、「千年王国」という考え方をヨーロッパにもたらしたという点では、大きな影響を与えた。また、その描写が非常に絵画的なので、美術を通じても大きな影響を与えた。

構成は（一）序文、（二）七つの手紙、（三）黙示というかたちになり、黙示の冒頭でキリスト登場前の天上界が描かれ、ついで「ほふられたとみえる小羊」の天上界への登場となる。この小羊が、だれも解くことのできなかった巻物の封印をとく。

次に七つの封印の幻がはじまる。一から四まではごく手短かに記され、一つが解かれるごとに馬に乗った騎士が現われて災害をまきちらす。五で死んだ信徒が現われ、終末までしばらく時があると告げられる。六は世界的な天変地異で人びとの反応も記され、六と七との間に聖徒が出現し、七で半時間の静穏がもたらされる。終末の予表であろう。ついで七つのラッパの幻があり、その全体的構成は封印の幻とほぼ同じ、この次に七つの鉢の幻が来るが、その間に「幕間」ともいえる幻が入る。

それは、終末全体と関連する幻で、キリストの天上での即位を意味すると思われる「男の子」の誕生、天上での竜に対する大天使ミカエルの勝利があり、最後に信徒たちへの竜の迫害が予告される。ついで迫害のきびしさと、それとは対立的な救いにあずかる者の記述があり、三人の天使の言葉のあとに審判がくる。

次に七つの鉢の幻だが、前の七つの幻とは類似していない。いずれも災害の幻だが第六だけは最後の戦いの準備を記している。

これにつづいて、バビロンの滅亡と天上の歌声があり、幻の最後の集団はキリストの来臨と救いの実現を伝える。すなわち白い馬に乗る「その名は『神の言』と呼ばれる」者が登場して敵対勢力に対して勝利をおさめ、ついで千年王国、その後のサタンへの審き、この世への審判、新しいエルサレムの出現となる。ついで末尾の文があり、この内容の神的権威がくりかえされ、来臨の近いことが強調されて終っている。

以上のような内容であり、黙示的表現を除けば、パウロにみられるような特別な思想があるわけではない。しかしこの書は、狂信的な人をさらに狂信的にする要素があることは否定できない。そのためか、カトリック教会では重要視されず、この点ではルターもカルヴァンも同じであった。カルヴァンの「新約注解」には、本書は入っていない。

しかし、迫害時やその他の危機的様相のときは、その後も一般信徒に広く読まれ、さまざまな影響を与えたことは否定できない。

あとがき

以上で創世記からヨハネの黙示録までの、「筋書きの解説」を終ろうと思う。旧約聖書にすぐつづく文書としては「新約」以外に「ミシュナ」があるが、これは別の機会にゆずりたい。

これまでに、伝道集会その他の機会に、聖書に断片的に接した方々は、以上を読まれて、ある種の意外性と違和感を感じられたのではないかと思う。それは当然であり、その理由は聖書の思想はそのままにキリスト教思想であるのではなく、その基本信条であるニケーア信条（第一次）ができたのは、紀元三二五年なのである。さらにプロテスタント諸教会がだいたいにおいて採用しているラテン型ニケーア信条が完成したかたちで成立したのは、紀元五八九年以降である。その過程は無視し得ない。いわばそこには、初代教会以降の思想形成史があり、それに基づく聖書解釈があるわけであって、その中には聖書に出てこない概念があって不思議ではない。たとえば「三位一体」といった言葉は、聖書にはない。

とはいえ新約が旧約を継承し、旧約なしでは新約はあり得なかったように、キリスト教もまた旧新約聖書なしにはあり得なかった。と同時に、旧↓新↓キリスト教が、全く同じでないのも当然なのである。それが思想が生きていて、死せる古文書になっていない証拠であろう。

解説　独学者の信仰告白

佐藤　優

メソジスト派・編集者・独学者

山本七平は、優れた編集者であるとともに、傑出した思想家だ。しかもその思想はキリスト教のプロテスタンティズムを基盤にしている。山本は、『人生について』で両親が内村鑑三の弟子で無教会派の影響下にあると述べている。彼は、戦前、戦中、青山学院教会に通い、そこで洗礼を受けた。この教会は、メソジスト派に属する。この教派は、人生の経験に基づいた悔い改めを重視し、信仰における人間の努力を強調する。同じプロテスタンティズムの中でもカルバン派（長老派、改革派）は、人間の努力にまったく意義を認めない。救われる人とそうでない人は、生まれる前から決まっていると考える。カルバン派の場合、天国に神様のノートがあり、そこに救われる人の名前が書かれていると考える。カルバン派の信者は、自分の名前が神様のノートに書かれていると教えられる。それだから、人生の経験についてくよくよせずに、ひたすら自分が選ばれていることを信じるとともに神に感謝し、神の栄光のためにこの世で一生懸命になって働く。客観的に見れば、カルバン派は、イスラーム原理主義に近い。私が母に連れられて子どものころから通った教会がカルバン派（長老派）だった。それだから、カルバン派のプロテスタンティズムが私には無意識のうちに刷り込まれている。私が神学的な基礎訓練を受けた同志社大学神学部は、組合派（会衆派）に属する。個別の教会や信者の主体性を重視し、カルバン派とメソジスト派の両方の要素を持つ。

私はカルバン派に好意を持てない。しかし、信仰や思考について私はこの派の鋳型を抜け出すことができない。二〇〇二年に鈴木宗男事件に連座して、東京地検特捜部に逮捕され、五一二日間、東京拘置所の独房に閉じ込められたときも「この試練で神は私に何を告げようとしているのか」と考え、筋を通すことにした。神学者でもカール・バルトのような改革派の神学者に惹きつけられる。

メソジスト派は、聖書研究を重視する。聖書と対話しながら、回心を促すのである。また、社会に対する働きかけを奨励する。『「空気」の研究』『日本教について』などにおいて山本が展開したユニークな言説の根底には、彼の世界観を形成する青年期に刷り込まれたメソジスト派のキリスト教があると私は見ている。

山本が店主をつとめていた山本書店（二〇〇七年に解散）から刊行された『新約ギリ

シャ語辞典』『希和対訳脚註つき新約聖書』を私たち同志社の神学生もよく使っていた。また、山本訳のウェルネル・ケラー『歴史としての聖書』も神学生の必読書だった。しかし、私たち神学生は、山本が書いたキリスト教に関する著作を読まなかった。また神学部の講義で山本の著作が参考書に指定されたこともなかった。

山本は神学的な基礎訓練を受けていない独学者だ。旧約聖書神学者の浅見定雄が『にせユダヤ人と日本人』（朝日文庫、一九八六年）で、山本の『聖書の常識』を実証的観点から徹底的に叩いた。浅見だけでなく多くの職業神学者が、独学者に対する「上から目線」と、論壇の寵児に対する嫉妬心がまざった、品性のよくない批判を山本に対して行った。浅見は、『聖書の常識』の「まえがき」「誤解されている聖書」（冒頭の章に相当）を細かく検討した後で、〈以上、山本七平氏は初めから終りまで、常識さえあればそもそも生じるはずのない「問題」を創作しては、それに非常識きわまる「解答」を与えるという一人相撲を取っているのである。〉（浅見『にせユダヤ人と日本人』二六四頁）と決めつけた。キリスト教神学の専門家や神学生の多くも浅見と同じ視座で山本を見ていた。それだから、山本のキリスト教関連の作品を読む意欲がわかなかったのだ。

実を言うと、私も今回、この解説を書くために初めて『聖書の常識』を読んだ。浅見の批判には、実証的に正しい部分もあるが、テキストの曲解、さらには難癖の類のものも多い。山本は、優れた編集者の目から、キリスト教に対する誤解を聖書に基づいて解こうとした。著者の誠実性を浅見は理解しようとしなかった。そして、浅見は山本を政治的な敵と認定し、カール・シュミット流の「友／敵理論」に基づいて、叩き潰そうとした。浅見のような偏狭な精神が日本のキリスト教神学を閉塞させたのだと思う。

確かに山本の独自研究が含まれている『聖書の常識』は、聖書神学の入門書として適切な本でない。そういう目的の読者は、『新版　総説旧約聖書』(日本基督教団出版局、二〇〇七年)、『新版　総説新約聖書』(日本基督教団出版局、二〇〇三年)を読めばいい。『聖書の常識』を通して、われわれが学ぶことは二つだ。

予備知識がなくても理解可能

第一は、キリスト教の常識について、標準的な読書人に理解可能な言葉で説明する技法だ。具体例をいくつかあげよう。

イエス・キリストとはどういう意味か。イエスが名でキリストが姓ではないのか。

〈イエス・キリストという言葉は誤解されるらしく、「姓はキリスト、名はイエス」と誤解しているらしい記述もある。昔の多くの日本人には「姓」がなかったように、イエス時代のユダヤ人にも「姓」はなく、多くの人は、「だれだれの子」「どこどこの出身の」というい方をした。／「ギスカラのヨハネ」の場合の「ギスカラ」は出身地である。同じようにイエスは、「ナザレのイエス」と呼ばれており、これは当時のごく普通の呼び方である。イエスは決して珍しい名でなく、ごく普通の名であり、同名の大祭司もいた。〉（本書二六七〜二六八頁）

一昔前までエホバと呼ばれていた神の名が最近はヤーウェに変わったのはなぜか。

〈ヘブライ語には、母音表記がない。だから、神の名を欧文表記に直すとＹＨＷＨとなるだけで、本当のところは、どう発音していいかわからない。これを「神聖四文字」といい、学者によっては「ＹＨＷＨ」としか書かない人もいる。というのは言語学者たちが推理した「ヤハウェ」にしても、はたして正しい発音かどうか不明だからである。

子音だけでその文字をどう発音したのか。これが不明にならないように、後に普通の単語には母音符号をつけるようになった。これを字外母音符号という。

ところが、ＹＨＷＨは「神の名をみだりに口にするなかれ」ということから、母音符号をつけず、その代り「アドナイ」つまり「主」という意味の言葉の母音符号をつけ「主なるＹＨＷＨ」と読んでいた。

ところが、それをそのままに発音すると「エホバ」になってしまう。「エホバ」と

いう読み方は十六世紀になって、キリスト教の神学者によってはじめられたにすぎない。〉(本書四〇~四一頁)

予言と預言はどう違うのか。

〈「預言」という言葉も、他の多くの聖書訳語と同じように中国語訳の流用である。最近では「予」という字も使うが、「予」はあらかじめ、「預」はあずかるで、意味が違う。

預言者のことをナービーというが、これは元来、沸騰するという意味だという学者もいる。いずれにせよ、内心から沸騰するものが口をついて出てくるような状態を示す言葉で、入神状態で神の言葉を人に伝えるものの意味だったのであろう。したがってその歴史はきわめて古い。

それは必ずしも未来予知を意味していない。未来を見る者としては聖書に「見る者《ローエー》」「先見者《ホーゼー》」(この訳語は必ずしも統一されていないが)という言葉があり、「預言者《ナービー》」にその能力がある場合があっても、その本質は神の言葉を預託された者という意味であろう。〉(本書三四頁)

詩編には「ダビデの詩」がたくさんあるが、ダビデは王であるとともに詩人だったのか。

〈この時代、たとえば王が注文して刀工に刀をつくらせる。そうすると、刀工がつくった刀でも、王のものである。これは詩も同じで、王が詩人に命じて詩をつくらせたら、それは詩人のものではなく王のもの、すなわち王の詩ということになる。著作権などというものができたのは、つい最近のことである。〉（本書二四〜二五頁）

死海写本の発見で聖書の内容が全面的に見直されることになったというのはほんとうか。

〈今世紀〔二十世紀〕の半ばに死海写本が発見されたとき、これで聖書学、とくに新約学は全部ひっくり返るだろうと、センセーションを巻き起した。だがそれも三十年たってみると、何のことはない、だいたいにおいては、いままでの定説を裏づける結果になったにすぎない。

多少の新しい発見なり変化なりはあったにしても、最終的には落ち着くところに落ち着く。死海写本の発見が、またその他の新発見が、聖書の記述の根本的な否定にな

つた、などということはない。〉（本書五〇頁）

ユダヤ教、キリスト教の時間理解に基づく歴史観が直線的と言うが、どういうことか。

〈小林秀雄氏が「あめを徹底的に引きのばすような歴史観には私は耐えられない」という意味のことをいっておられるが、聖書の歴史観がまさにそれである。聖書とは、長い一直線の歴史でつらぬかれており、人の一生はその一部を担っていくものにすぎない。それがアブラハムからはじまり、イサク、ヤコブ、十二人の兄弟と一つ一つつながっていく。〉（本書五六～五七頁）

イエスがパリサイ派に近いというのはほんとうか。

〈結局、キリスト教の母体は三派〔イエスの時代にあったサドカイ派、エッセネ派、パリサイ派のユダヤ教――引用者註〕のどれか。やはりパリサイ派を中心とみるべきであろう。キリスト教の基本的な発想は三派の中ではパリサイ派にもっとも近い。〉（本書二〇七頁）

キリスト教や聖書についての予備知識がない読者に、聖書神学の標準的な理解を、水準を落とさずにわかりやすい言葉で伝えることに山本はつとめている。

信仰告白の書

第二に『聖書の常識』から学ぶことは、山本の信仰告白だ。

この本は、旧約聖書から新約聖書という順番で記述されている。しかし、新約聖書の視座に立って旧約聖書を読むというアプローチが首尾一貫して取られている。

まず、旧約聖書のホクマー（知恵）を新約聖書のロゴス（言葉）とつなぐ。山本は、
〈ヨハネによる福音書の著者は、イエスを、神のかたわらにある擬人化された知恵《ホクマー》がそのまま人となったもの、すなわち「言葉《ロゴス》は肉体となり、私たちのうちに宿った」（受肉《インカーネーション》）としているのである。〉（本書一八九頁）と解説する。そして、ロゴスを時間（歴史）に参与させることによって、律法と預言を総合する。
〈預言と律法とは、相対立するものではなく、律法で固定化された人と神との関係に預言は「歴史」という発想から契約更改の契機を与え、同時に活力を取り戻させる。すなわち神と人との関係を、人を拘束する律法だけではなく、それを越えて直接的に結びつける、つまり、神の直接的なことばは律法を通じなくてもある、とする立場に

なければ、預言という考え方は出てこない。

まさしく「神のことば」として現われたイエスが、当時の律法体制、律法絶対主義と対立したのは当然である。個々のイエスの教えには、パリサイ派はとくに反対する要素はないはずだが、律法遵守のみとするか否かではパリサイ派と徹底的に対立する。対立するから、この面でのイエスの批判攻撃もまた手きびしい。

「偽善な律法学者、パリサイ人たちよ。あなたたちはわざわいである。はっか、いのんど、クミンなどの薬味の十分の一を宮に納めておりながら、律法の中でもっとも重要な公平とあわれみと忠実を見のがしている」。これが彼らに対するイエスの言葉である（マタイによる福音書二十三章二十三節）。

前述のようにイエスは、エルサレム神殿の祭司長や律法学者、パリサイ人たちの策動によって捕えられ、最終的には総督ピラトの裁きを受けて政治犯として十字架にかけられて殺された。〉（本書二六一〜二六二頁）

この神のロゴスであるイエス・キリストが、人間の救済を担保するのである。山本は、〈ギリシア語のクリーストスはクリオーという動詞から出た言葉で、クリオーは「塗油する」という意味。ヘブライ語のマーシア、アラム語のメシアすなわち「油そそがれた者」という言葉の訳語である。元来は「メシア」と「キリスト」は同義語である。〉（二六八〜二六九頁）すなわち、イエス・キリストという呼び名が「イエスはメシア（救済主）である」という信仰告白であることを明らかにする。そして、一世紀のパレスチナで、なぜイエスという青年が救済主となれたかについて、こう説明する。

〈理由は、紀元一世紀のパレスチナ社会の精神状態にあるであろう。その時代の人びとは終末が近いと信じ、政治的・革命的動乱が常に起り、紀元七〇年のエルサレム壊滅へと進んでいく空気の中にいた。イエスの弟子もイエスの敵も、共にメシアへの、何らかの情熱を持ちつづけていた。イエスが十字架にかかった後でさえ、やがてイエスは現われて「イスラエルの王国を回復する」という希望を、一部のものは持ちつづけていた。イエスの告発者たちは、そのように信じているガリラヤ人に疑惑の目を向けていた。

そこでメシア問題は「復活以後の」時期に移しかえられた。イエスは「苦難のしもべ」と同じ苦しみをうけて死に、天で神の右に座し、その意味ではじめから「ロゴス＝人格化された知恵」であり、また同時にヨブ記に記された仲保者で、ダニエル書に記されているように「ひと時、ふた時、半時の間、彼（敵）の手にわたされる」が、再び審判者・王として再臨してくると考えられた。

そこには当然、紀元一世紀のユダヤ教の「天のメシア」「先在のメシア」という考え方の影響はあったであろうが、これがさらに複雑化し、一つの総合思想としての「イエス・キリスト像」が出来あがったと見るべきであろう。そしてそれを可能にしたのは、前にもしばしばのべた旧約聖書の諸思想であり、それがイエスという人間の上に凝縮したと見るべきであろう。〉(本書二七七〜二七八頁)

また、キリスト教において、パウロが果たした役割を山本は強調し、こう述べる。

〈「パウロなくしてキリスト教なし」ということは確かにいえる。その意味で彼は、以後の西欧文明の方向を定めた、というより、世界の文明の方向を定めた人といえる。〉(二九四頁)

パウロの世界観の特徴について、山本は〈また彼は、ダニエル書に示されたような、いまの「時の終末」を固く信じていた。したがって、外的な体制や外的な規範は、逆に少しも問題とせず、回心によって内なる規範を変えて、この「終末」にそなえることに、すべてが集中していた。〉(本書三〇二頁)と指摘する。

そして、パウロの特殊な体験と信仰の関係についてこう説明する。

〈彼は生前のイエスには会っていない。しかし何かの特殊な体験で、キリストを啓示され、復活の主に会ったという確信は、生涯、動かすことのできない確信であった。そしてこの点では、復活の主に会ったペテロたちと自分は同一であると信じていた。これもまた後のキリスト教を大きく特徴づけた。いわば、すべての人は彼のように復活のイエスに会えるのである。

だが、前に述べたようなユダヤ人のもつメシア（＝キリスト）像を考えれば、この考え方であれ、「内なる人」「外なる人」という考え方であれ、それが伝統的なパレスチナのユダヤ人に受け入れられなくて不思議ではない。と同時に「メシアが来たのにユダヤ人は強情にこれを拒否した」という考え方が、パウロの伝統を強くもつ初代のキリスト教徒にあってもまた不思議ではない。

キリスト教とユダヤ教の分裂は、実にパウロにはじまるといってよい。今でも、ユダヤ教はイエスまでをヘブル思想史に入れるがパウロは入れない。またイスラム教徒はイエス（イサ）をマホメットにつぐ最大の預言者とみるが、パウロはまったく評価していない。〉（本書二九九～三〇〇頁）

『聖書の常識』で語られている「常識」は、現代プロテスタント神学が考える標準的なキリスト教観だ。すなわち、キリスト教は、イエス・キリストが救いであるということを基礎とする救済宗教である。イエスは自らをキリスト教徒とは考えていなかった。ユダヤ教から分離したキリスト教という新しい宗教を創ったのは、生前のイエスと会ったことのないパウロだ。そして、イエスを救済主と信じる人は、パウロと同じようにイエスに会えるのである。

大東亜戦争中のフィリピン・ルソン島で、山本七平は、復活したイエスに会ったのだ。真に信仰を持つ者は、神やイエス・キリストについて過剰に語ることを避ける。「空気」「日本教」「現人神」などのキーワードを駆使しながら、山本は常にイエス・キリストについて何かを語ろうとしていたのである。神学書を縦横無尽に編集しながら、「聖書の常識について書く」という仮面をつけて、山本は本書で自らの信仰を告白したと私は理解している。

（文中敬称略）

（作家・元外務省主任分析官）

山本七平（やまもと しちへい）
1921（大正10）年12月18日、東京に生まれる。青山学院中等部から高等商業学部を卒業。昭和17年徴兵され、フィリピンで敗戦を迎える。収容所生活ののち22年復員。33年山本書店を創立、主に聖書関係の本を出版。45年にイザヤ・ベンダサン名で出した『日本人とユダヤ人』が大ベストセラーになり、第2回大宅壮一ノンフィクション賞を受賞。以後、雑誌やマスコミの求めに応じ、自らの戦争体験や独自の日本人論を展開、多数の著作を残す。56年、「日本人の思想と行動を捉えた『山本学』」の功績に対して、第29回菊池寛賞を受賞。1991（平成3）年12月10日永眠。主著に『「空気」の研究』『私の中の日本軍』『「常識」の研究』『指導者の条件』『徳川家康』『ある異常体験者の偏見』『一下級将校の見た帝国陸軍』『洪思翊中将の処刑』『日本資本主義の精神』『論語の読み方』『日本教徒』など。

文春学藝ライブラリー
思3

聖書《せいしょ》の常識《じょうしき》

2013年（平成25年）12月20日　第1刷発行
2019年（令和元年）8月1日　第2刷発行

著　者　山本七平
発行者　花田朋子
発行所　株式会社　文藝春秋
〒102-8008　東京都千代田区紀尾井町3-23
電話（03）3265-1211（代表）

定価はカバーに表示してあります。
落丁、乱丁本は小社製作部宛にお送りください。送料小社負担でお取替え致します。

印刷・製本　光邦
Printed in Japan
ISBN978-4-16-813006-9

（　）内は解説者。品切の節はご容赦下さい。

江藤　淳
近代以前
日本文学の特性とは何か？　藤原惺窩、林羅山、近松門左衛門、井原西鶴、上田秋成などの江戸文藝に沈潜し、外来の文藝・思想の波に洗われてきた日本の伝統の核心に迫る。（内田　樹）
思-1-1

福田恆存（浜崎洋介　編）
保守とは何か
「保守派はその態度によつて人を納得させるべきであつて、イデオロギーによつて承服させるべきではない」――オリジナル編集による最良の「福田恆存入門」。（浜崎洋介）
思-1-2

山本七平
聖書の常識
聖書学の最新の成果を踏まえつつ、聖書に関する日本人の誤解を正し、日本人には縁遠い旧約聖書も含めて、「聖書の世界」全体の見取り図を明快に示す入門書。（佐藤　優）
思-1-3

柳田国男（柄谷行人　編）
「小さきもの」の思想
『遊動論　柳田国男と山人』（文春新書）で画期的な柳田論を展開した思想家が、そのエッセンスを一冊に凝縮。柳田が生涯探求した問題は何か？　各章に解題をそえた文庫オリジナル版。
思-1-5

岡﨑乾二郎
ルネサンス　経験の条件
サンタ・マリア大聖堂のクーポラを設計したブルネレスキ、ブランカッチ礼拝堂の壁画を描いたマサッチオの天才の分析を通して、芸術の可能性と使命を探求した記念碑的著作。（斎藤　環）
思-1-6

田中美知太郎
ロゴスとイデア
ギリシャ哲学の徹底的読解によって日本における西洋哲学研究の基礎を築いた著者が、「現実」「未来」「過去」「時間」といった根本概念の発生と変遷を辿った名著。（岡崎満義）
思-1-8

文藝春秋　編
常識の立場
「文藝春秋」傑作論選
俗論に流されず、貫き通した持論とは。小泉信三、田中美知太郎、福田恆存から塩野七生、石原愼太郎まで、戦後日本を代表する碩学十三人が「文藝春秋」誌上で一石を投じた「常識」の集大成！
思-1-11

（　）内は解説者。品切の節はご容赦下さい。

福田恆存（浜崎洋介　編）
国家とは何か
「政治」と「文学」の峻別を説いた福田恆存は政治をどう論じたのか？　福田の国家論が明快にわかるオリジナル編集。「個人なき国家論」批判は今こそ読むに値する。（浜崎洋介）
思-1-12

江藤　淳
一九四六年憲法——その拘束
アメリカの影から逃れられない戦後日本。その哀しみと怒りをもとに、戦後憲法成立過程や日本の言説空間を覆う欺瞞を鋭く批判した20年にわたる論考の軌跡。（白井　聡）
思-1-13

岡　義武
独逸《ドイツ》デモクラシーの悲劇
当時、最も進歩的と言われたワイマール憲法の下で、なぜヒトラーによるナチス独裁が生まれたのか？　日本を代表する政治学者が、その過程を解き明かす。（三谷太一郎）
思-1-14

福田恆存（浜崎洋介　編）
人間とは何か
『保守とは何か』『国家とは何か』に続く「福田恆存入門・三部作」の完結編。単なるテクスト論ではなく、人間の手応えをもった文学者の原点を示すアンソロジー。（浜崎洋介）
思-1-15

本居宣長・津田左右吉　他（上野　誠　編）
日本の古代を読む
この国の成立の根幹をなす古代史の真髄とは？　本居宣長、津田左右吉、石母田正、和辻哲郎、亀井勝一郎など碩学の論考を、気鋭の万葉学者が編纂したオリジナル古代史論集。（上野　誠）
思-1-16

田中美知太郎
人間であること
「人間であること」「歴史主義について」「日本人と国家」など八篇の講演に「徳の倫理と法の倫理」など二篇の論文を加え、日本を代表するギリシア哲学者の謦咳に接する。（若松英輔）
思-1-18

（　）内は解説者。品切の節はご容赦下さい。

文藝春秋 編
天才・菊池寛
逸話でつづる作家の素顔

小林秀雄、舟橋聖一、井伏鱒二など縁の深い作家や親族が織り上げる「本邦初のプロデューサー」菊池寛の様々な素顔。生誕百二十五年を記念して「幻の書」が復刊！（坪内祐三）

雑-3-1

リチャード・ニクソン（徳岡孝夫 訳）
指導者とは

栄光と挫折を体現した米大統領だから洞察しえたリーダーの本質。チャーチル、マッカーサー、ドゴール、周恩来、フルシチョフに吉田茂……。20世紀の巨星の実像に迫る。（徳岡孝夫）

雑-3-3

岸 信介・矢次一夫・伊藤 隆
岸信介の回想

満州、戦争、巣鴨プリズン、六〇年安保——動乱の昭和史において常にその渦中にあった名宰相が、刎頸の友と近代史家を前に語った「わが人生」。巻末資料として巣鴨日記も収録。

雑-3-9

本田靖春
現代家系論

没後10年、ノンフィクション作家・本田靖春初の著書が復活！美空ひばり、湯川秀樹から徳川家・旧皇族まで代表的日本人の一族の姿に、孤高の作家が鮮やかに迫る。（後藤正治）

雑-3-11

山本七平・岸田 秀
日本人と「日本病」について

責任をとらない日本人の体質。その根っこには何があるのか。歴史学者と精神分析学者。二人の権威が、今も変わらぬ「日本病」について語った白熱対談。（福嶋亮大）

雑-3-12

日本文化会議 編
西欧の正義 日本の正義

国際化の進行は、異文化間の衝突を招く。古代ギリシアから二十世紀の東西冷戦時代まで、価値観、倫理規範、法意識などの観点から「正義」のあり方について検討する記念碑的討論！

雑-3-13

（ ）内は解説者。品切の節はご容赦下さい。

皇太子の窓
E・G・ヴァイニング（小泉一郎 訳）
戦後まもなく、当時の皇太子の英語家庭教師となったヴァイニング夫人が、ともに過ごした日々を瑞々しく綴った回想録。敗戦後の日本の風景も浮かび上がる。（保阪正康）
雑-3-14

世渡りの道
新渡戸稲造
『武士道』の著者にして国際的教育者だった新渡戸稲造が書いたベストセラー。人生の意味とは何か、何のために働くのか。万人が抱く問いに時を越えて熱く答える。（寺島実郎）
雑-3-15

近世快人伝
頭山満から父杉山茂丸まで
夢野久作
頭山満、杉山茂丸、奈良原到といった玄洋社の猛者たちの破天荒な人生を描いた痛快な人物評伝。奇人、怪人、豪傑たちがユーモア溢れる筆致でいきいきと動き出す。（寺田英視）
雑-3-16

失われた兵士たち
戦争文学試論
野呂邦暢
七歳当時、諫早から長崎の爆心地を遠望し終戦を迎えた芥川賞作家。戦後続々と刊行された有名無名兵士の戦記を読み、戦争とは何かを問う、幻のノンフィクション。（大澤信亮）
雑-3-17

対談 戦争と文学と
大岡昇平
司馬遼太郎、阿川弘之、大西巨人、野間宏——。戦争を問い続け、書き続けた戦争文学の巨人・大岡昇平が、あの戦地を経験した九人の文学者と交わした白熱の議論。（高橋弘希）
雑-3-18

戦中派の死生観
吉田 満
死んだ仲間は何のために戦ったのか？ 戦後日本は戦争と敗戦から何かを学びえたのか？ 死を覚悟して生き残った戦中派が「日本人として生きる」ことの意味を問う。（若松英輔）
雑-3-19

（　）内は解説者。品切の節はご容赦下さい。

阿部眞之助
近代政治家評伝
山縣有朋から東條英機まで

明治から昭和まで第一線で活躍した名物新聞記者が、原敬、伊藤博文、大隈重信、犬養毅、大久保利通、桂太郎など、戦前の大物政治家十二人の生身の姿を容赦なく描く。（牧原　出）

雑-3-20

徳岡孝夫
五衰の人
三島由紀夫私記

一九七〇年十一月のあの日、市ヶ谷の自衛隊駐屯地で「檄」を託された著者だから見透すことのできた三島由紀夫の本質とは？新潮学芸賞を受賞した、傑出した三島論。（寺田英視）

雑-3-21

山本七平
小林秀雄の流儀

小林秀雄があれほどの影響力をもったのはなぜか？　過去を語ることで未来を創出したからだ。「書きたいことだけ書いて生活した、超一流の生活者」の秘密に迫る。（小川榮太郎）

雑-3-22

斎藤隆介
職人衆昔ばなし

大工、左官、庭師、指物師、蒔絵師など、明治に生を享け、戦後まで活躍した名工27人。その貴重な証言は、未来のモノ造りへの示唆に富む。その豊穣たる「語り」をご堪能あれ！

雑-3-23

ウィルヘルム・ヴォリンガー（中野　勇　訳）
ゴシック美術形式論

大聖堂などヨーロッパ中世に花開いたゴシック美術は、どのように創造されたのか？　ドイツを代表する美術史家が、その内奥に秘められた情念に迫った歴史的名著。（石岡良治）

雑-3-24

阿部眞之助
戦後政治家論
吉田・石橋から岸・池田まで

岸信介、池田勇人、吉田茂、石橋湛山、緒方竹虎、鳩山一郎など15人の政治家を、NHK会長も歴任した大政治記者が、ユーモアと皮肉の利いた切れ味ある文体で描き切る。（橋本五郎）

雑-3-25

（　）内は解説者。品切の節はご容赦下さい。

山本夏彦
私の岩波物語
日本出版界の魁・岩波書店は、日本語のリズムの破壊者だった——講談社、中公等の版元から広告会社まで、日本の言論と出版の百年を、自ら主宰した雑誌「室内」の歴史に仮託して論ず。
雑-3-26

小川鼎三
鯨の話
ふとしたきっかけで鯨に魅せられた若き解剖学者が、飽くなき探求心で、本邦初の学問を体系化していく。戦後日本の医学界を代表する科学者が遺した「鯨学」の金字塔！（養老孟司）
雑-3-27

新保祐司
内村鑑三
近代日本の矛盾と葛藤を体現する男、内村鑑三。多くの知識人に多大な影響を与えた破格の人物の核心に迫り、近代日本を貫く精神を明らかにする。（附録・郡司勝義）
雑-3-28

和田利男
漱石の漢詩
「少年期は英語より漢学が好きだった」と語る漱石。未だ色あせないその漢詩の世界の魅力を、杜甫や王維と比較しながら縦横に論ずる。没後百年を期して待望の復刊！（齋藤希史）
雑-3-29

渡辺京二
私のロシア文学
『逝きし世の面影』の著者の原点は、実は西洋文学、特にロシア文学。チェーホフ、プーシキン、ブルガーコフなど十九世紀作品を中心に縦横に語り尽くす、オリジナル文学講義！
雑-3-30

渡辺利夫
神経症の時代
わが内なる森田正馬
作家倉田百三ら、近代日本の多くの神経症患者を救った森田正馬。その功績を問いつつ、現代にまで続く「病める社会」に警鐘を鳴らす。開高健賞正賞受賞の話題作！（最相葉月）
雑-3-31

（　）内は解説者。品切の節はご容赦下さい。

内藤湖南
支那論
博識の漢学者にして、優れたジャーナリストであった内藤湖南。辛亥革命以後の混迷に中国の本質を見抜き、当時、大ベストセラーとなった近代日本最高の中国論。（與那覇　潤）
歴-2-1

磯田道史
近世大名家臣団の社会構造
江戸時代の武士は一枚岩ではない。厖大な史料を分析し、身分内格差、結婚、養子縁組、相続など、藩に仕える武士の実像に迫る。磯田史学の精髄にして、『武士の家計簿』の姉妹篇。
歴-2-2

野田宣雄
ヒトラーの時代
ヒトラー独裁の確立とナチス・ドイツの急速な擡頭、それが国際政治にひきおこしてゆく波紋、そして大戦勃発から終結まで――二十世紀を揺るがした戦争の複雑怪奇な経過を解きあかす。
歴-2-5

勝田龍夫
重臣たちの昭和史（上下）
元老・西園寺公望の側近だった原田熊雄。その女婿だった著者だけが知りえた貴重な証言等を基に、昭和史の奥の院を描き出す。木戸幸一の序文、里見弴の跋を附す。
歴-2-6

中西輝政
アメリカ外交の魂
帝国の理念と本能
初代ワシントンからオバマ大統領に至るまで、米外交は「孤立主義」と「理想主義」との間でなぜ揺れ動くのか。「国家としてのアメリカ」の根幹を解きあかす画期的アメリカ論。
歴-2-8

原　武史
完本　皇居前広場
明治時代にできた皇居前広場は天皇、左翼勢力、占領軍それぞれがせめぎあう政治の場所でもあった。定点観測で見えてくる日本の近代。空間政治学の鮮やかな達成。（御厨　貴）
歴-2-9

橋川文三
西郷隆盛紀行
西郷が日本人を惹きつけるのはなぜか？　明治維新の「最大の立役者」にして、明治政府に背いた「逆賊」。近代日本の矛盾を一身に体現した西郷隆盛という謎に迫る。（中野剛志）
歴-2-10

（　）内は解説者。品切の節はご容赦下さい。

鎌倉時代
龍《りょう》　粛《すすむ》
謀反、密告、暗躍。頼朝も後醍醐天皇も無視できなかった優雅でしたたかな公家たちがいた。その要職「関東申次」の研究を含む11論文。日本中世史研究の金字塔。（本郷和人）
歴-2-11

吉田松陰
玖村敏雄
高杉晋作、久坂玄瑞、伊藤博文らを育てた「松下村塾の熱血教師」の激しすぎる生涯を辿る『吉田松陰全集』編纂者による名著復活。動乱の幕末に散った思想家の実像とは。（小島　毅）
歴-2-12

剣の刃
シャルル・ド・ゴール（小野　繁　訳）
「現代フランスの父」ド・ゴール。厭戦気分、防衛第一主義が蔓延する時代風潮に抗して、政治家や軍人に求められる資質、理想の組織像を果敢に説いた歴史的名著。（福田和也）
歴-2-13

対談　天皇日本史
山崎正和
この国の歴史は天皇の歴史でもある。古代・天智天皇から昭和天皇まで九人の帝と、天皇制の謎について、司馬遼太郎をはじめとする稀代の碩学と語り尽くす。知的好奇心に満ち溢れた対談集！
歴-2-14

特高　二・二六事件秘史
小坂慶助
首相官邸が叛乱軍により占拠！　小坂憲兵は女中部屋に逃げ込んだ岡田啓介首相を脱出させるべく機を狙った——緊迫の回想録。永田鉄山斬殺事件直後の秘話も付す。（佐藤　優）
歴-2-15

日本の運命を変えた七つの決断
猪木正道
加藤友三郎の賢明な決断、近衛文麿の日本の歩みを誤らせた決断。ワシントン体制下の国際協調政策から終戦までを政治学の巨人が問い直す！　（特別寄稿　猪木武德・解説　奈良岡聰智）
歴-2-16

昭和史の軍人たち
秦　郁彦
山本五十六、辻政信、石原莞爾、東条英機に大西瀧治郎……陸海軍二十六人を通じて、昭和史を、そして日本人を考える古典的名著がついに復刊。巻末には「昭和将帥論」を附す。
歴-2-17